KB275197

마흔, 그럭저럭 살던 시대는 끝났다

마흔, 그럭저럭 살던 시대는 끝났다

마흔,
그럭저럭
살던 시대는
끝났다

월터 B. 피트킨 지음
조일동 엮음
이명섭 옮김

마흔 이후 새로운 인생을 위한 기술

드레북스

마흔,
그럭저럭
살던 시대는
끝났다

1쇄 발행 2025년 12월 24일

지은이 월터 B. 피트킨
엮은이 조일동
옮긴이 이명섭
펴낸이 조일동
펴낸곳 드레북스

출판등록 제2025-000023호
주소 서울시 은평구 통일로 630 래미안 베라힐즈 203동 1102호
전화 02-356-0554 **팩스** 02-356-0552
이메일 drebooks@naver.com
인스타그램 @drebooks

인쇄 (주)프린탑
배본 최강물류

ISBN 979-11-93946-64-0 03190

인생은 40세부터가 진짜 시작이다!

들어가는 글

우리 한복판에 거센 파도가 휩쓸었다. 이로 인해 많은 이들이 실의와 절망에 빠졌고, 화려했던 젊은 날을 쓸쓸히 되새기기도 한다. 하지만 절망만으로는 아무것도 할 수 없다. 지금이라고 늦지 않다. 새로 시작해도 늦지 않다. 나이들었다고 해서 삶을 포기하지도 마라. 오히려 나이 든 지금이 가장 빠르고 가장 능숙한 시작일 수 있다. 그래서 나는 강의실이나 강연장에서 이렇게 강조한다.

"인생은 40세부터가 진짜 시작이다."

현실은 그렇게 녹록하지 않겠지만, 새로 시작하면서 하는 다짐과 자기 확신은 살아가는 힘이 되어줄 것이다. 특히 변화가 극심한 시대에는 무엇보다 '새로운 삶의 기술'을 터득해야 한다.

내가 성인 재교육이라는 어려운 문제에 진지한 관심을 기울이기 시작한 지 6년이 지난 지금, 세상은 한 편의 영화처럼 풍경이 바뀌었고 색채도 달라졌다. 변화하는 시대에 맞춰 이전의 생각들 중 상당수는 포기해야 했고, 완전히 새로운 사고가 자리잡았다. 그럼에도 더 넓은 틀은 여전히 온전하고 퇴색하지 않은 듯하다.

새로운 시대를 맞이하는 지금, 삶의 마모와 훼손 속에서도 이 책이 견뎌내길 바란다.

CONTENTS

1장

마흔 앞에
선
당신에게

두려움 없이
자유롭게

　실감하지 못할 수도 있겠지만, 40대가 된 당신은 운이 좋은 시대를 살고 있다. 그보다 나이 많은 세대나 젊은 세대는 40대가 된 당신이 누릴 것을 부러워할 것이다. 40대를 맞이하는 지금, 세상은 새롭게 재편되고 있다. 지난 시대의 선입견과 관습은 허물어졌으며, 그 자리에 무엇을 세우더라도 세상은 당신에게 자리를 내어줄 것이다.

　40세 이후에 누릴 삶을 응원하듯 매일매일 새로운 세상이 열린다. 일은 젊은 시절보다 간단하고 수월해지며, 여유로움은 풍성해지고, 그만큼 누릴 시간은 더 길어진다. 인생의 오후는 이전보다 더 밝고, 더 따사로우며, 더 흥미진진한 일로 가득하다. 삶의 모든 열매는 어둠이 깔리기 전에 비로소 익어

간다.

　가장 큰 축복은 내적 해방이다. 중년을 무능함의 상징처럼 여기던 시선은 사라진 지 오래다. 이전 사람들은 40대가 되면 인생은 끝난다고 믿었으며, 실제로 그렇게 살았다. 30대가 저물면서 그들은 시들해졌고, 절망했고, 비참해졌으며, 완고해졌다. 그들은 자기보다 어린 사람을 부러워하며 세대 간의 적개심이라는 벽을 세웠다. 이 벽은 이제 무너졌다. 해마다 젊음과 나이듦의 경계가 희미해지고 있다. 대가족과 가부장적인 가정도 사라지고 있다. 이제 사람들은 부모와 자녀는 같은 지붕 아래에서 같은 핏줄을 나누었을 뿐이라고 생각한다. 예전의 할아버지와 할머니들은 근엄하고 엄숙하게 자리를 차지했지만, 지금의 그들은 어린 손주의 생일파티에 함께 춤을 춘다.

　지난 시대의 이해관계 충돌에 이어 노동의 분화가 일어났다. 젊은 세대에는 젊은 세대의 일이, 나이든 세대에는 젊은 세대가 할 수 없는 그들만의 일이 있다. 그리고 자기 의지대로 나아가고 꾸밀 수 있는 자기만의 삶이 있다. 한창 자라고 꿈꿔야 할 나이에 몸을 혹사해야 했던 예전과 달리 이제는 그 일을 기계가 대신해준다. 기계 시대는 우리의 근육을 자유롭게 하고 우리의 정신도 구속에서 벗어나게 했다. 그리고 우리가 살아 있는 동안 인간다움을 유지할 수 있게 해주었다.

우리 앞에 신나고 새로운 일들이 기다리고 있다. 지혜의 열매를 맛봐 온 인류는 그 과실이 달콤하면서도 우리 몸에 영양분까지 제공해준다는 사실을 깨달았다. 지금까지 인류는 자신들이 발명하고 발견한 것들을 충분히 활용하지 못했다. 세상에는 아직 문명화되어야 할 것이 많으며, 이 위대한 과정이 눈앞에 일어날 것이다. 과거와 미래의 모든 세대, 그리고 한가한 구경꾼조차 이런 세상을 부러워할 것이다.

40대가 되었다면 그 이상이 될 것이며 이전 시대를 능가할 것이다. 머지않아 작은 망원경으로도 달의 이면을 손바닥 들여다보듯 또렷하게 볼 수 있을 것이다. 영양가 있는 음식과 의학 기술이 응집된 약으로 몸과 체질이 달라질 것이다. 옷값과 집세를 걱정할 일도 없을 것이다. 그런 경이로움을 직접 마주할 만큼 오래 살지는 못하더라도 그런 세상이 가까이 다가오는 것만으로도 놀라운 경험이 될 것이다.

지금 40대가 되었다면 후대 사람들에 비해서도 훨씬 운이 좋다. 문명의 폭탄을 맞은 후대 사람들은 그 모든 화려함을 당연하게 받아들일 것이다. 그에 비해 지금 40대가 된 당신은 문명의 발달 과정을 알고 있고, 질병에 걸린 이들이 뿜어내는 악취에 질식한 적도 있으며, 극단주의자들의 광기로 인해 수

많은 이들이 비참해진 모습을 지켜보았다. 그 시기를 버티고 이겨낸 당신이라면 충분히 인류의 위대한 유산으로 빚은 풍성한 열매를 맛볼 권리가 있다.

그렇다. 당신은 당신 세대를 가장 운이 나쁜 세대라고 할지 모르지만 오히려 가장 운이 좋은 세대다. 40대가 되면 새로운 인생은 이전의 그 어느 때이거나 미래의 그 어느 때보다 더 풍요롭게 펼쳐질 것이다. 그럭저럭 살던 시대에서 벗어나 자신만의 세상을 만들기에 충분하고, 당연히 그렇게 되어야 할 지금이다. 두려움 없이 지금의 나를 끌어안을 때다.

지금부터의
시작

인생은 40세부터 시작한다.

이것은 새로운 시대가 가져올 혁명적인 결과다. 이것은 기계 시대가 가져다주는 최고의 보상이며, 과학의 가장 풍요로운 축복이다. 얼마 전까지만 해도 꿈도 꾸지 못한 일이자 어리석은 거짓말이었다면, 오늘은 절반쯤 진실이 되었으며, 내일이면 당연한 이치가 될 것이다.

기계 시대를 이끈 사람들의 목표는 노동력을 절감하는 것이었다. 공학자이자 발명가 엘리 휘트니가 1793년에 면화의 씨앗을 분리하는 조면기를 만든 이래 물리학자와 화학자, 발명가, 기술자들이 이룬 모든 업적은 노동자들의 일상적인 노동량을 덜어주었다. 그 덕분에 노동자는 생산 효율을 촉진하고 생산비를 절감했으며, 부수적이기는 하지만 노동 시간을 단축해 더 많은 여가를 누릴 수 있게 되었다.

기계 시대 이전 사람들은 40세가 되자마자 지치기 일쑤였다. 1915년 영국의 의무국 위원장은 세계대전이 발발했을 때 탄광과 공장지대에서 일하다가 군에 지원한 영국 신병들을 이렇게 표현했다.

"그들은 35세에 이미 노화가 진행되었다. 맨체스터 주변의 38세 전후 노동자들은 이미 노인이나 다름없었다. 그들의 불리한 조건을 열거해보면 끔찍할 정도다."

전 세계 인구의 절반 이상이 과도한 노동에 시달리고 기계의 도움을 받지 못해 젊은 나이에 죽었다. 하지만 혁신이 일어나는 곳에서 일하는 이들의 삶은 불황과 전쟁의 위험에도 불구하고 점차 수월해지고 있다.

불경기와 노동조건의 안정을 위해 산업은 주5일, 하루 8시간 근무제로 빠르게 전환했다. 옛 질서로 돌아갈 수 없다. 우리는 세상 사람들이 필요로 하는 모든 것을 만들어내고, 이를 기반으로 새로운 여가를 누릴 것이다. 이로써 이전 시대의 질서로 돌아가는 것은 절대 일어나지 않을 것이다.

지금은 개척 시대의 농부와 그의 아내, 10명이 넘는 자녀가 100에이커를 경작할 때보다 훨씬 적은 힘으로 500에이커를 혼자 경작할 수 있다. 그보다 적은 힘으로 훨씬 많은 수익을 올린다. 성능 좋은 농기계로 혼자 하루에 10에이커 또는 12에이커를 거뜬히 다룰 수 있다. 개척 시대의 농부는 일꾼들을 독려하면서도 기껏해야 하루에 2에이커를 갈아엎을 수 있었다. 해가 뜨기 전부터 시작해 해가 질 때까지 밭고랑 사이를 누빈 거리는 20킬로미터 이상이었다. 하지만 성능 좋은 착유기를 들여놓은 지금, 50대 여성은 착유용 의자에 앉아 손으로 직접 우유를 짜던 30대의 건강한 여성보다 10배나 많은 젖소를 혼자 다룰 수 있다.

풍부한 전력 공급과 기계화, 자동화 덕분에 집안일은 훨씬 수월해졌으며, 이에 따라 생계를 유지해야 하는 고역에서 벗어나 낯설고 새로운 삶을 맞이하고 있다. 그렇게 우리는 혁명의 시대에 살고 있다.

지난 100만 년 동안 인류의 99.9퍼센트는 시간과 에너지 대부분을 생계를 유지하는 데 소비해왔다. 이 긴박하고 절박한 요구를 무시하거나 초월해온 사람은 없을 것이다. 사실이 이렇다면 우리 중에 어떻게 살아야 할지 아는 사람이 별로 없다는 사실에 놀라워해야 할까? 아니면 자기 직업에서 자유롭게 개성을 표출할 수 있으리라 믿어 온 사람이 너무나 많다는 사실에 놀라워해야 할까?

이것은 잘못된 통념이다. 기계가 고장났는지 살피느라 바쁘거나, 장부 정리만으로도 하루가 모자라거나, 자동차 정비로 온몸이 기름에 범벅이거나, 해가 저물기 전에 물건을 하나라도 더 팔기 위해 여기저기 돌아다녀야 할 만큼 힘겨운 사람들이라면 이 글을 읽으려는 생각조차 하지 못하거나 읽을 시간도 내지 못할 것이다.

반복되는 업무 속에서도 몸과 마음을 자극할 만큼 새롭고 남다른 의미를 지닌 직업은 500개 중 하나에 불과할 것이다. 나머지 499개의 직업은 고된 노동에 찌든 삶의 현장 너머에서 다른 살길을 찾아보라고 강요한다. 우리가 할 수 있는 일이 점점 줄어들면서 오늘날 이런 강요는 더 심해지고 있다.

그렇다면 이 시기를 무사히 통과할 수 있을까? 우리 역사에서 '인생은 40세부터'라는 말은 진실이 되어가고 있으며, 돈과 교육, 타고난 능력이 다양하게 결합해 그런 결과를 낳을 것이다.

자기가 하고 싶은 대로 하고 살 만큼 부유하게 태어난 사람의 인생은 40세가 되기 한참 전부터 시작될 수도 있다. 일찍부터 경제에 눈을 떠 수입과 저축이 일정액 이상 넘어선 사람이라면 인생은 40세 전후부터 시작될 수 있다. 그리고 젊어서부터 특별한 목적을 염두에 두고 살아온 사람이라면 40세에 인생을 새롭게 시작하기가 수월할 것이다.

그렇다면 나머지 사람들은 인생을 시작할 수 있을까? 지금처럼 온종일 먹을 것을 구하기에도 모자란 그들에게 가끔 짧은 휴가가 주어진들 그 시간은 너무나 짧게 지나간다. 그들에게 더 나은 작업 환경, 더 나은 직업교육이 주어진다면 그들 중 대다수는 보람 있는 나날과 여유 있는 휴식을 즐길 수 있을까? 그들이 그렇게 될 수 있을지는 또 다른 논란의 여지가 있는 문제다.

일부 학자들은 모든 여건이 좋아진다고 해도 대중은 체질적으로 어리석어 실질적인 이득을 얻지 못할 것이라고 주장한다. 하지만 다른 사람들은 이 우울한 전망에 이의를 제기한다. 대중의 아둔함은 질 나쁜 음식과 과로, 비인간적인 노동, 술과 담배, 질병, 기후 및 스트레스 등 몸과 마음을 해치는 외적인 요인 때문이라고 주장한다. 이런 요소를 근절하면 더 밝고 활기차며, 더 능숙하게 일하고, 더 검소하고 건전하게 자신을 관리할 수 있으며, 따라서 40세부터 새로운 인생을 시작할 수 있다고 믿는다.

나는 대체로 두 번째 견해에 공감한다. 나는 많은 사람이 극심한 불황과 변화의 시기에 새로운 삶의 기술을 배우고 주어진 기회를 최대한 활용하는 방법을 배움으로써 인생의 최초

10년보다 훨씬 더 많은 것을 40세 이후에 얻을 수 있다고 확
신한다. 더 나아가 고소득층에 속하는 운 좋은 사람들은 삶의
철학을 익히는 것만으로도 즐거움을 한층 높일 수 있다고 믿
는다.

마흔이 되기
전까지

나는 어린 시절과 청년기를 그리워한 적이 단 한 번도 없다. 그렇다고 그 시절을 잊거나 그때로부터 도망치지도 않았다. 그 시절은 그 나름대로 신나고 행복했다. 내게는 지난 시절에 대한 회한이나 이렇다 할 패배의 쓰라림도 없다. 삶은 항상 앞으로 나아간다. 좋든 싫든 일어난 일은 이미 일어난 일이다. 그것은 되돌리거나 반복할 수 없다. 아슬아슬한 과거와 아득한 미래가 영원히 이어지는 현재 속에 사는 나를 억누를 수는 없다.

나는 살아갈 날이 적어졌다는 이유로 내일을 우울하게 상상하지도 않는다. 내게 40세 이후의 삶은 40세 이전의 삶보다 훨씬 흥미진진하고 유익하다. 내가 잃은 것 하나하나에는 항상 더 큰 깨달음이 있었다. 이것은 합리화하기 위해 꾸며낸 말이 아니다. 40세 이후에 얻은 것들에 대해 나는 하나하나 이름을 붙여 말할 수 있다.

우리는 태어나서 20살이 될 때까지 바쁘게 성장한다. 이때는 유쾌한 혼돈과 두근거리는 설렘이 함께하며, 응석받이로 자란 나약한 사람에게는 부모와 다른 어른들의 뒷바라지와 세심한 관리에 의지하는 무책임하면서도 위험한 시기이기도 하다. 나약한 사람은 타인에게 의존해 결국 스스로 파멸에 이르지만, 강한 사람은 거기에 반기를 들고 어떻게든 벗어난다. 하지만 약하거나 강한 사람 모두에게 이 시기는 동물성이 강한 삶이다.

20살 전까지는 학교 공부에 매달리느라 세상의 흐름에 대해서는 아는 것이 별로 없거나 얕고, 어떤 한 가지 중요한 주제에 명확한 의견을 갖고 있지 못하며, 예체능을 제외하고는 뛰어난 기량을 갖추지도 못한다. 상황에 맞게 감정을 조절하거나 흥미로운 대화를 이끌 줄도 모른다. 성숙한 사람으로 살아가는 데 필요한 어떤 것도 아직 온전히 갖추지 못했다. 물론 이 말은 낡은 격언처럼 들리겠지만, 유아기와 소년기, 사춘기에는 모든 것이 너무 빨리 변해 어떤 패턴이나 힘을 갖추기가 힘들다.

20살 이후 놀이와 친구 못지않게 사회생활을 배우고 경제 흐름도 익히기 시작한다. 이 시기가 지나면서 사회에 정착하고, 이성을 사귀고, 생계를 꾸리기 시작한다. 100명 중 95명은 이 지독한 임무에서 벗어나지 못한다. 집을 구하고, 닳고 닳은 성공의 사다리를 오르는 길고 힘든 길에 자녀 양육이라는 고된 일까지 합세한다. 40세가 될 때까지 이런 인생의 중대사들에 맞붙어 씨름하면서 헤쳐 나가는 동안 최고에 달했던 에너지는 소진된다. 그런 뒤에야 비로소 자기만의 삶을 살기 시작한다.

교문을 나서야
진짜 시작이다

우리나라에서는 다른 어느 곳에서보다 인생을 훨씬 늦게 시작한다. 예를 들어 유년기가 놀라울 만큼 오래 이어진다. 이것이 현명한 것일까, 어리석은 것일까? 내 생각에 그것은 어리석음을 넘어 사악하다. 몇몇 사람은 아니라고 말할 것이다. 서로 의견이나 생각이 다를지라도 우리 교육체계가 다른 나라의 젊은이들이 이미 어른이 된 뒤까지도 아이들을 미숙한 채로 붙들고 있다는 것은 부인할 수 없다. 물론 일부 특별한 예외가 있기는 하지만, 대부분 어린아이 상태에서 벗어나지 않으려 하고, 유아기에 오랫동안 묶인 채 오히려 그 달콤한 속박을 즐기려 한다. 그것이 지금 우리의 현실이다.

유치원부터 고등학교에 이르기까지 아이들을 위한 학교는

훌륭하다. 하지만 우리는 아이들을 다루는 데는 능해도 성인으로서 인정해야 마땅한 다 자란 아이들, 즉 청소년과 청년을 다루는 데는 너무나 미숙하다. 많은 젊은이가 고등학교 때는 암기하기에만 바빴고, 대학교에 들어와 자기가 배우고 싶은 것을 제대로 배울 수 있으리라 기대하지만 정작 그들에게 남은 것은 졸업장뿐이다.

현재 우리 학교 교육은 빠르게 변화하는 사회와 달리 보수적이며, 아이들의 사고방식이나 문화와는 정반대로 과거에 매달려 있다. 몇몇 예외가 있겠지만, 교사와 학교 관계자들은 대부분 낡은 교육 관념에 사로잡혀 있다. 변화를 열망하는 물결과 모든 시도는 그들에 의해 완강하게 가로막혔다.

모든 것이 아이들의 정신적 성장을 막기 위해 버티고 있다고 해도 무방할 정도다. 지적인 발달과는 전혀 상관없이 암기를 강요한다. 왜 외국어와 수학을 배워야 하는지, 왜 우리말을 제대로 익혀야 하는지 근본적인 이해와 토론 없이 문법 수업과 문제 풀이에만 급급하다. 이 체계에 익숙한 사람들은 혁명적인 변화가 일어나지 않는 한 계속해서 자신이 배운 그대로 아이들을 가르친다. 예체능 역시 그 활동의 재미와 개인별 특성을 고려하지 않은 채 정형화된 틀에 아이들을 몰아넣는다. 이 모든 것이 지금 우리가 고민하는 학교의 현실이자, 감히 말하건대 오래전부터 비판받아 온 사실이다.

과학 과목에서는 그나마 발전했지만 다른 과목들에서는 여전히 제자리걸음이거나 오히려 뒤처져 있다. 얼마나 많은 기업가가 대학 졸업자들의 끔찍한 무능함에 놀라는가. 우리는 대학 졸업생이 대학 교육을 받지 못한 사람보다 지성이 우수하리라 생각한다. 하지만 그들은 실제적이고 기본적인 기능을 갈고닦는 데 소홀했다. 글을 정확하게 읽고 이해하는 능력을 갖추지 못했고, 이전 학교에서 배운 것조차 대부분 잊어버렸다. 그들은 아는 것도 없으면서 대학생이라는 이유로 아는 체하고, 좋은 대학에 다닌다는 이유로 겉멋을 부리고, 유행의 첨단이라도 걷는 듯 비속어와 경박한 말을 아무렇지 않게 내뱉는다.

학교가 젊은이들의 지적·도덕적 타락을 방치하는 동안 지난 시대의 경제적 번영은 그들을 악마의 유혹에 빠지게 했다. 집에서는 부모의 손에 응석받이로 자라고, 우리가 당연히 기대하는 정상적이고 기본적인 관심과 욕구조차 계발하지 못했다. 안타까운 일이지만, 나는 "교육받은 젊은이들이 자신이 어떤 사람이며 앞으로 어떤 사람이 되고자 하는지 깨닫지 못하고 있다."고 한 철학자 로버트 E. 로저스의 주장에 동의할 수밖에 없다.

"그들은 해박한 지식, 품격 있는 말과 예의, 훈련된 빠른 이해, 정신적 에너지, 그리고 모든 일에 흥미를 느끼고, 호감 가는 사람이 되는 후천적인 능력을 비롯해 돈이 없거나 성공하지 않아도 가질 수 있고 자신을 위해 영구적인 투자가 될 수 있는 것에는 전혀 관심이 없다."

로저스는 《호감 가는 사람의 비밀》에서 고등학생과 대학생들이 버스 안에 가득 들어찬 채 등하교하는 모습을 여러 차례 보았다고 말했다. 그 안에서 오랫동안 그들이 나누는 대화에 귀를 기울였다. 그 결과 그는 그들은 많은 이야기를 하지만 결국 아무 말도 하지 않는다고 언급했다.

"그들은 쉬지 않고 성적, 스포츠, 유명 연예인과 관련된 이야기를 끊임없이 했지만, 교양서적을 꺼내거나 읽지는 않았다. 학업 내용을 이야기하지도 않았다. 가족도, 교사도, 여론조차 그들에게 교육과 교양의 가능성, 즉 흥미로운 사람이 될 가능성을 알려주지 않았다. 그들이 낭비하는 시간은 끔찍할 정도다. 그 안에서 품격 있는 책이나 잡지를 읽는 등 더 많은 공부를 할 수 있는데도 하지 않는다."

안타깝지만 이것이 우리의 현실이다. 저마다 지식을 쌓고 교양을 갖춰야 할 이들이 인생의 가장 기본적인 것조차 배우지 못한 채 시간만 허비하다니.

그들이 학교를 졸업하고 세상에 나와 모든 것을 스스로 관리하고 결정해야 할 때, 그들이 짊어져야 할 잔인한 부담이 보이지 않는가? 잘못된 교육과 기만적인 문화가 그들에게 미친 해독을 제거하려면 적어도 10년에서 15년을 고통 속에서 허우적거려야만 한다.

이 가슴 아픈 과정에서 젊은이들은 자기가 하고 싶거나 해야 할 일을 하고, 아이를 낳고, 가정을 꾸려야 한다. 하지만 정작 자신을 돌아볼 시간이 가장 필요할 때 그들은 거기에 투자할 여유가 없다. 오직 강하고 분별 있는 사람만이 그것을 당당하게 해낼 수 있다. 그들은 대학을 떠난 한참 뒤에야 비로소 자신의 교육이 시작된다는 것을 깨닫는다. 낡은 앨범에서 졸업 가운을 입은 자신을 발견한 뒤에야 비로소 인생을 시작한다.

지금 비로소
눈뜨는 삶

대학 졸업자 중 대부분은 40세가 되어도 인생을 새롭게 시작하지 못한다. 그들은 결코 자신을 찾지 못한다. 지난 20년은 그들 앞에 새로운 장벽을 세워놓았다. 어려운 작업일수록 더 철저한 준비를 요구한다. 우수한 젊은이들은 도서관, 연구실이나 실험실 또는 사무실에서 더 많은 시간을 특별한 훈련에 투자해야 한다.

30살 이전에 독립하는 젊은 의사들은 거의 없다. 기술자도 마찬가지다. 대학교수가 되고자 하는 사람도 아무리 빨라야 30대 중반이 되어야 목표한 자리에 그나마 조금 이를 수 있다. 공학이나 비즈니스 분야에 종사하는 사람들이라고 해서 사정이 나은 것도 아니다.

이 모든 것은 청소년 탓이 아니다. 산업의 무절제한 팽창과 사회 질서의 붕괴가 맞물린 시대에 행해진 어리석은 교육의 결과 때문이다. 앞으로 4반세기 후에는 그런 불행이 사라질지도 모른다. 물론 그렇게 되기를 희망한다. 그렇다면 현대 사회에서 교육을 잘 받은 젊은이들의 경우는 어떻게 될까? 그들은 인생을 훨씬 더 일찍 시작할까? 아닐 것이다.

고도의 기술은 같은 기술의 낮은 수준을 완벽하게 숙달해 특별히 주의를 기울이지 않고도 그 일을 척척 해낼 수 있을 때까지는 결코 획득할 수 없다. 피아노 치는 학생을 예로 들어보자. 손가락으로 다음에 칠 건반을 신경 써야 한다면 그 학생은 어떤 곡도 제대로 연주할 수 없다. 일부러 신경 쓰지 않아도 손가락이 자동으로 움직여야만 연주할 때 세세한 음까지 다룰 수 있다.

이것은 내가 아는 한 그동안 간과되어 온 것을 암시한다. 어떤 목표를 달성하기 위해 거쳐야 할 단계가 많을수록 노력해야 할 시간이 더 길어지며, 숙달된 단계에 이르려면 더 오랜 시간이 걸린다. 갖가지 직업은 이를 명백하게 뒷받침해준다. 깊이 있고 폭넓고 복잡한 분야일수록 목표를 달성하기 위한 준비 기간은 더 길어진다. 따라서 깊이 있는 문학이나 건축, 외교, 음악 대가들의 진정한 인생은 40세에 시작된다. 사회학자이자 작가인 로웰 줄리어드 카의 연구에 따르면 전 세계 주요 발명가들이 명성을 얻은 평균 나이는 40대 중반이었다.

40세 이전에 우리는 뛰어난 학생일 수는 있어도 결코 깊이 있는 학자가 될 수 없으며, 지식은 많지만 지혜롭지 못하고, 폭넓은 정보를 누리지만 경험은 부족하다. 몇몇 천재는 중년이 되기 전에 남다른 지식을 축적하기는 하지만, 그것을 자기 것으로 흡수하는 것은 나중의 일이다. 학식과 지혜, 경험의 본질은 남다른 재능이 아니라 시간이다.

영국의 낭만주의 시인 윌리엄 워즈워스는 30살에 누이동생 도로시와 2년 동안 머무르던 독일 북부의 옛 도시 고슬라를 떠나면서 인간과 자연, 사회를 아우르는 위대한 철학을 창조하는 데 자신의 모든 지성과 에너지, 시를 바치기로 다짐했다. 비록 형식은 달라도 우리 중에 얼마나 많은 이들이 그처럼 삶의 목표를 세웠을까? 그리고 우리 중에 얼마나 많은 이들이 자신이 세운 목표를 이루지 못한 채 평생을 일에 끌려다닐까?

40세가 될 때까지 이 복잡한 세상을 제대로 아는 사람은 아무도 없다. 1세기 전에는 몇 년만 열심히 공부해도 자신이 속한 세상을 배울 수 있었지만 오늘날에는 불가능하다. 자신이 사는 곳이나 일하는 곳에서 일어나는 일까지 이해하려면 넓고 깊은 통찰력이 필요하다. 지금처럼 어설픈 지식이 위험한 적은 없었다. 경제 불황, 이혼, 신용불량, 파산을 비롯한 일상적인 사건들과 실수와 음모, 정치적 문제의 거미줄을 간파할 젊은이는 과연 얼마나 될까?

명석한 대학 졸업자들조차 20대 후반에서 30대에 아는 것이 얼마나 보잘것없는가. 유쾌하고 때때로 번뜩이는 그들은 어떤 이슈나 논쟁에서 자질구레한 지식이나 사건에는 곧잘 흥분해도 그 논쟁의 본질은 간파하지 못한다.

나는 이것이 경제 불황의 주요 원인 중 하나라고 확신한다. 한때 젊은 사람을 중요한 자리에 앉히는 것이 유행했다. 급격하게 팽창하는 비즈니스의 과중한 부담에서 벗어나기 위해, 또는 젊은 세대의 참신함과 재기발랄함을 이용하려는 연장자들의 자연스러운 소망에서 비롯했으리라 생각한다.

그 젊은이들이 노련한 연장자들이 조용하고 평화롭게 계획한 일상적인 임무, 그러나 절대 가볍지만은 않은 그 부담을 무리 없이 수행했다면 모든 것이 잘 되었을 것이다. 하지만 일부 영리한 젊은이들은 그 기회를 제대로 잡지 못하거나 놓친 탓에 내쫓기듯 그 자리에서 물러나야 했다. 기업의 파산과 막대한 손실에 관한 내부 기록을 들여다보면 그 배후에 젊은 책임자들이 있었다는 사실을 발견할 수 있다.

누구나 세상이 점점 더 복잡해지고 있다는 것을 잘 알고 있다. 물론 지역 및 현지 기업, 지역 공동체의 가치는 점점 더 중요해지고 있으며, 이것이 세상의 불안한 복잡성을 어느 정도 상쇄할 것이다. 하지만 나는 세계 인구가 필요로 하는 수효만큼의 리더와 중간 간부들이 매일 아침 책상에 수북하게 쌓이는 문제들을 직면하게 되지 않을까 걱정이 앞선다.

어쨌든 앞으로 이 일의 대부분을 해야 할 사람은 젊은 세대다. 그것은 나이든 이들을 위축시키겠지만, 점점 더 심해지는 청춘의 악조건이 보이지 않는가?

　흔히 젊은이들은 인간은 나이가 들어가면서 쇠퇴가 시작된다고 믿는다. 근육은 약해지고, 눈은 침침해지고, 귀는 큰 소리에도 무뎌지고, 손은 떨리고, 이성은 흔들리고, 그렇게 거죽만 남은 삶으로 이어진다고 생각한다.

　다행히 상황은 그렇게 나쁘지만은 않다. 모든 것은 부모가 어떤 사람이었고, 부모에게서 무엇을 배웠는지, 그리고 40세 이전에 자신을 얼마나 잘 관리했느냐에 달려 있다. 부유하거나 가난하든, 유명하거나 유명하지 않더라도 인간성이 황폐해진 이들이 많다는 사실을 나는 인정한다. 이들은 우리가 삶의 기술을 얼마나 잘못 배웠는지를 증명한다. 반대편에는 젊었을 때보다 오히려 나이들어 삶에서 훨씬 더 많은 것을 얻는 사람들이 있다. 중년의 삶을 젊었을 때만큼이나 흥미롭고 풍요롭게 보내는 이들도 있다. 40대에 그보다 젊은 사람들이 부러워할 만큼 체력적으로 강인하고, 총명하며, 인생이 더 풍요로워지는 사람들이 있다. 그런 운 좋은 사람을 만난 적 없는가? 그렇다면 뛰어난 성직자이자 연설가인 필립스 브룩스의 인생을 보라.

어린 시절의 그는 약골로 집약해도 무방할 정도였다. 그는 사소한 일에도 쉽게 흥분하고, 아주 단순한 것에도 쉽게 지치기 일쑤였다. 학교에 다닐 때는 심한 두통으로 고생했다. 수업 중에 반복되는 암기 때문에 미칠 정도였다고 그는 증언했다. 대학을 마칠 무렵, 무기력은 눈에 띄게 두드러졌다. 누군가 억지로 시키거나 강요하지 않으면 걷거나 다른 운동을 한 적이 없었고, 신경쇠약 증세는 계속 이어졌다. 20대 중반 이후에는 그나마 호전되었지만, 그의 표현에 따르면 진정으로 인생을 살기 시작한 것은 30살이 넘어서였다.

사소한 날씨 변화에도 힘없이 무너지기 일쑤였던 그에게 기적이 일어났다. 예전의 무기력했던 그는 1, 2년 만에 온데간데없이 사라지고 천하장사가 된 것이다. 그의 근육은 갑자기 강해졌다. 그 무엇도 그를 지치게 할 수 없었다. 그 덕분에 일요일에 세 차례, 주중에는 몇 차례씩 설교할 수 있었으며, 교구 업무라는 무거운 부담도 새털처럼 가볍게 여겨졌다. 그는 행군 중인 건장한 병사처럼 먹고 잤으며, 항상 유쾌했다.

이것은 그의 호르몬 밸런스에 기묘한 변화가 일어났기 때문일 것이다. 이런 변화가 그의 남다른 지성과 자기 절제 때문이라고 단정할 수는 없다. 다른 모든 유사한 경우도 마찬가지다. 내가 그를 인용한 것은 40세 이후의 삶이 지루하고 무익하며 회한으로 가득 차 있다는 일반적인 생각이 얼마나 잘못된 것인지 젊은이들에게 보여주기 위해서다.

하지만 우리는 필립스 브룩스가 모든 면에서 일반적인 사람이 아니었음을 인정해야 한다. 40세가 지나면 사람들은 다양한 방식으로 변화하는데, 일부 변화는 젊은이들에게 좋지 못한 인상을 심어주기도 한다. 하지만 몇몇 심리학 연구를 살펴보라. 그 연구들은 40세 이후의 인생을 생사의 갈림길로 바라보는 냉소적인 젊은이들 못지않게 중년을 응원하고 격려를 보낸다.

나이와 삶의
기술

　40세가 지나면 우리 대부분은 일과 여가 활동, 주거지, 친구를 바꾸는 일에 흥미를 잃는다. 점점 더 혼자 있는 것을 선호한다. 나이가 들면 남들에게 조언하고 그들을 이끄는 능력에 대한 확신이 커지지만, 한편으로는 더 젊고 덜 현명했던 때만큼 그 일을 좋아하지 않게 된다. 젊었을 때와는 달리 남에게 돈을 빌리지 않고, 노름이나 도박을 즐기지도 않는다. 그리고 젊었을 때와 달리 모든 일에 흥미가 줄어든다. 이것이 에너지가 감소하고 있음을 증명한다. 하지만 오해하지 말자. 나이가 들면서 호기심은 무뎌진 것 같지만, 그것은 40년 동안 보고 들은 경험 때문에 어지간한 일에는 쉽게 놀라거나 신기해하지 않기 때문이다.

지금 당신이 40대라면 가장 관심 있는 것에 점점 더 집중하면서, 20대 때보다 예민함은 약간 떨어지더라도 그때처럼 다양한 것을 즐길 수 있다. 나이가 들었다고 해서 좋아하고 싫어하는 것이 뚜렷하게 나뉘는 것은 아니다. 사실 40세 이후의 삶에서 가장 눈에 띄는 특징 중 하나는 격렬함은 다소 부드러워지더라도 예전의 관심사들을 안정적으로 이어갈 수 있다는 것이다.

G. E. 링거와 H. 소렌슨을 비롯한 심리학자들의 연구에 따르면 40세 이후에 손놀림이 크게 퇴화하는 것은 아니다. 오히려 머리 좋고 숙련도가 높은 사람들은 중년에 손과 손가락의 능숙한 움직임이 뚜렷하게 향상되는 것으로 나타났다.

소렌슨의 실험은 특히 의미심장하다. 그는 25살부터 87세까지 100명을 대상으로 실험했다. 이 실험은 손과 손가락, 팔, 다리, 발을 이용한 단순하지만 정교한 재주를 테스트했다. 그는 실험 결과 최고령층의 4분의 1이 참가자 전체 평균보다 더 빠르고 정확하다는 사실을 알아냈다. 이는 놀라운 결과였다. 평균 연령이 79세인 최고령 참가자 12명은 전체 평균보다 20~30퍼센트 정도 느리고 능숙도가 떨어졌다. 이것 역시 놀라운 결과다. 적어도 40퍼센트 정도는 떨어지리라 예상했는데 그렇지 않았다.

두뇌의 성장 속도는 불규칙하지만 40세가 될 때까지 계속 성장한다. 신경학 분야의 권위자 프레드릭 틸니와 헨리 알솝 라일리가 인간 뇌의 진화와 발달에 관한 연구를 다룬《뇌, 유인원에서 인간까지》에서 입증했듯이 인간은 두뇌의 절반 이상도 계발하지 않고 있으며, 그 5분의 1도 사용하지 못하고 있다. 뇌는 오직 자극을 가해 신경섬유의 적절한 절연체를 발달시킴으로써만 성장한다. 이것은 40대가 안 된 사람들은 성숙해질 만큼 두뇌를 충분히 사용하지 못한다는 뜻이다. 그래서 40세를 넘긴 사람들은 새로운 생물학적 의미에서 보면 반쯤 멍청한 상태로 살아가는 셈이다. 우리의 중추신경계는 사망할 때까지 절반도 채 형성되지 못하고 있다.

나는 뇌가 일찍 줄어드는 원인 중 하나는 지속적인 자극과 노력이 부족한 탓이라고 생각한다. 뇌는 30대 중반이 되면 무게가 점점 감소하기 시작해, 60대 중반이 되면 보통 100그램 정도 줄어든다. 내가 아는 한 그 무게의 감소가 뇌의 기능 상실을 수반하는지에 관한 연구는 없었다. 하지만 뇌를 열심히 사용하지 않으면 퇴화가 빨라진다는 것만은 확실하다.

40세 이후에 풍요로운 인생을 살지 못한다면 자신의 게으름과 어리석음을 탓해야 한다. 그들은 40세 이전에 나태함과 방탕함, 어리석은 경박함으로 자신을 불구로 만들었다. 20대에 나비처럼 자유분방한 인생을 산 사람은 나비처럼 젊어서 죽을 각오를 해야 한다. 나비를 흉내 내는 이들도 그 곤충의 짧은 생애를 기꺼이 받아들여야 한다. 반면에 생명보험 전문 가라면 누구나 알고 있듯이 지능이 높고 활동적인 사람일수록 더 오래 산다. 이것은 우연한 일이 아니라 정신을 자극해서 얻은 당연한 결과다.

우리가 마주하는
것들

우리는 40대가 되면 심각하게 줄어드는 한 가지에 직면하게 된다. 그것은 자유 에너지의 감퇴다. 이런 변화를 외면하는 것은 어리석은 짓이다. 자유 에너지의 변화는 인생의 변화로 이어진다. 그런데도 자기 일과 관점을 이 중대한 변화에 맞춰 새롭게 정리하는 사람은 드물다. 이것만 다룬다고 해도 두꺼운 책이 나올 것이다. 인생은 곧 활동이며, 활동은 에너지가 변화하는 일련의 과정이다.

우리의 에너지는 몸이 발산하는 열을 양으로 드러낸다. 열은 뇌, 위장 또는 근육에서 어떤 일을 수행했다는 것을 의미한다. 생리학자들은 이 열을 피부의 방사 또는 허파가 공기에서 흡수한 산소의 양으로 측정한다. 신체 기능을 유지하기 위해 변환된 이 에너지를 기초대사라고 하며, 특정 활동을 위해 사용되는 초과분의 에너지를 한계 대사 또는 자유 에너지라고 부를 수 있다. 기초대사가 느리고 적을수록 주어진 시간에 특정한 종류의 일이나 놀이를 위한 에너지도 적어진다.

체중은 유년기와 청소년기에 가장 빠르게 증가한다. 12살 때는 50칼로리였던 소모 열량은 17살 때는 40칼로리를 약간 넘는 수준으로 감소한다. 이런 속도는 35세까지 이어진다. 그러다 38~40세 사이에 최초의 중요한 슬럼프가 찾아오는데, 이를 담담히 받아들여야 한다. 기초대사의 둔화는 15년 또는 그 이상 동안 완만하게 진행된다. 50대가 가까워지면 더 빠르게 감소하고, 60대가 되면 시간당 소모 열량은 28칼로리까지 떨어진다. 그런 뒤 생명의 불꽃은 12살 때와 비교해 절반 정도의 열기로 타오른다.

이런 쇠퇴의 하나로 호르몬 분비 활동도 아주 천천히 일어나는데, 대체로 성호르몬은 다른 것보다 조금 더 빨리 감소하는 것으로 보인다. 기초대사는 40세 직전부터 감소하지만, 호르몬 대사는 45세 무렵이 되어서야 감소하기 시작한다. 청각의 둔화는 30세부터 시작되는 경우가 많으며, 미각과 후각 역시 빠르게 퇴화한다.

그래서 40세 이후에 우리는 인생의 부채를 떠안아야 한다.

이를 대단한 자산인 양 속이지 말자. 그렇다면 어떻게 해야 할까? 이제 인생이 저물었다며 파산을 선언해야 할까? 아주 조금이라도 건지는 것에 만족하고 인생이라는 일을 멈춰야만 할까?

내가 믿는 한 당신이라면 그렇게 하지 않을 것이다. 나는 정력적인 활동을 위한 자유 에너지의 상실이 40세 이후의 활동을 방해하고 위축시키는 것은 아니라고 생각한다. 오히려 뇌를 계속 사용하는 사람이라면 그것이 전화위복이 될 수 있다. 두뇌는 신체의 모든 활동을 제어하며, 더 건강하고 행복한 삶을 위해 사용될 수 있다. 무엇보다 두뇌는 더없이 효율적이어서 최소한의 에너지로 최대의 결과를 만들어낸다. 이것은 자신의 육체적 힘이 감소하는 것을 주시해야 하는 40세 이후의 사람들에게 큰 도움을 준다.

2장

그럭저럭
살던
시대는 끝났다

새로운 의미에서 보면 인생은 40세부터 시작된다. 이전까지는 대부분 두뇌가 육체를 다루는 기술을 완벽하게 파악하는 데 소요되기 때문이다. 두뇌가 좋을수록 육체의 효율적인 사용과 수행이라는 복잡한 기술을 더 일찍 습득할 수 있다. 하지만 좋든 나쁘든, 특히 요즘처럼 복잡다단한 시대에는 그런 것을 익히는 데 많은 시간이 필요하다. 30세가 될 때까지 자신의 에너지를 최대한 활용하는 사람은 드물다.

나는 육체적 에너지가 현저하게 감소하는 징후가 나타나는 첫해, 즉 37세 또는 38세 정도에 우리의 실질 지능은 최고 수준으로 다다른다고 생각한다. 40대가 가까워질수록 우리는 생각이라는 행동을 통해 그 어느 때보다 자신을 잘 관리할 수 있게 된다. 그래서 나이가 들어가면서 에너지 비축량은 줄어들더라도 건강과 부, 행복은 오히려 상승곡선을 그린다.

20대 때 우리는 자신이 가진 힘을 탕진했다. 하지만 40대에는 아주 작은 에너지도 낭비 없이 잘 활용해서 말 100마리가 할 수 있는 일을 해낸다. 다시 말하지만, 인생은 40세부터 시작한다. 그때부터 정상적인 사람들은 자신이 가진 것을 가장 적게 소모하면서 자신이 원하는 것을 최대한 얻을 수 있다.

40세 이후에 두각을 나타내는 이들 중 많은 사람이 10대와 20대에 어리석고, 야망이 없고, 형편없어 보였다. 이것은 초기에 그들의 방향이 잘못되었기 때문일 수 있다. 하지만 대기만성형인 경우도 많다. 영국의 국민 시인 윌리엄 워즈워스는 대학 시절 친구들에게는 평범한 인상을 주었고, 학업을 마친 후 몇 년을 헛되이 허비했으며, 가족들은 그가 목표와 욕망도 없고 세상에 흥미가 없다고 불만을 토로했다. 워즈워스는 시 〈서곡〉의 앞부분에서 자신을 이렇게 묘사했다.

헛된 것에 매달리고
텅 빈 호기심을 따르고
허망한 날들에 취하고
저 너머 잠든 영혼에만 눈멀었으니

위인들의 연대기에는 이처럼 뒤늦게 피어난 이야기가 가득하다.

〈인형의 집〉으로 유명한 노르웨이 작가 헨릭 입센의 고등학교 성적표에는 졸업을 인정할 수 있는 가장 낮은 성적이 기록되어 있다. 심지어 자국어인 노르웨이어 점수조차 평균 수준에 모자랐다. 우리는 훗날 세계적인 희곡을 쓸 이 젊은이가 학창 시절에 뭔가 탁월한 언어 능력을 보였으리라 기대하지만, 그 기대는 여지없이 빗나갔다. 영국 최초의 여성 사회학자이자 기자, 작가로 19세기 대표하는 지식인 중 한 명인 해리엇 마티노의 젊은 시절에도 많은 것을 기대하기는 힘들다.

칼 폰 린네는 스웨덴의 식물학자로 생물분류학의 기초를 놓는 데 결정적으로 이바지해서 현대 식물학의 시조로 불린다. 하지만 고등학교 때 담임교사는 그의 아버지에게 린네가 지적인 직업에는 어울리지 않는다면서 구두 수선을 배우는 편이 훨씬 낫겠다고 말했다. 찰스 다윈은 과학 역사상 최고의 고전 중 하나로 꼽히는 《종의 기원》으로 지금도 널리 알려져 있다. 하지만 그는 소년 시절에 어떤 언어도 습득할 수 없다는 평가를 받았으며, 선생님들과 그의 아버지는 그를 지적 능력이 평균 이하라고 믿었다. 라듐의 공동 발견자인 피에르 퀴리는 학교에서 너무 멍청해서 부모가 그를 퇴학시키고 개인

교사에게 맡겼을 정도다.

여기서 우리는 젊은이들의 진로에 미치는 수많은 요소가 있으며, 그중 일부는 나이가 든 현재 우리의 관심사와는 상당히 동떨어져 있음을 알 수 있다. 어리석은 데다 고집까지 센 부모가 자녀의 본성과는 거리가 먼 직업을 그에게 강요한 결과 부진한 성적으로 나타난다. 주변 환경이 자유로운 성장을 방해하는 셈이다.

경직되고, 관습에 매달리며, 시대의 흐름을 읽지 못하는 교육제도는 어린 학생이 학교를 졸업할 때까지, 아니 그 뒤에도 오랫동안 자신이 가진 남다른 능력을 발휘하지 못하게 가로막는다. 린네와 다윈이 그랬다. 하지만 입센과 퀴리 같은 경우는 그런 식으로 설명할 수 없다. 오히려 그들은 '쉽게 오면 쉽게 간다'라는 옛 경구를 몸소 입증한다. 그들은 버섯이 참나무로 변하거나 참나무가 버섯처럼 싹을 틔우지 않는다는 것을 몸소 보여준다.

천재들이 그렇듯 유능한 이들 중에서도 늦게 꽃 피우는 경우가 많다. 예술과 과학 분야에서도 이런 사례를 흔하게 볼 수 있다. 르네상스의 가장 중요하고 유명한 화가 중 한 명인 티치아노 베첼리오는 40세가 될 때까지 미미한 존재였지만 70세가 될 때까지 부단히 발전했으며 90세에도 열심히 창작

에 매진했다. 해양문학을 대표하는 작가 조셉 콘래드는 39세
에야 명성이 세상에 알려졌다. 자연주의 소설가 요제프 허거
스하이머도 뒤늦게 주목받기 시작했는데, 이런 예는 어느 분
야에나 흔하다. 늦게 무르익는 사람일수록 40세 이후의 삶은
그에게 훨씬 더 오랫동안 풍요로움과 기쁨을 안겨줄 것이다.

갓 40대가 된 앨 스미스는 미국 주 의회 대변인을 맡고 있
었다. 머리 좋고 장래가 촉망받기는 했어도 당시 누구도 그가
10년 후에 정계의 거물이 되리라 짐작하지 않았다. 그는 40대
가 한참 지나서야 비로소 더 큰 삶을 살기 시작해, 미국 민주
당 대통령 후보까지 올랐다. 그의 대통령 후보 상대는 허버트
후버였다. 40세의 허버트 후버는 런던에서 할 일을 찾던 중이
었다. 당시 그는 아무것도 아닌 사람이었다. 그러던 중 우연
한 기회에 세계대전이 발발하면서 그는 구호 단체의 책임자
로 발탁되었다. 그의 인생은 그때부터 시작했다.

40세의 오웬 D. 영은 회사의 법률 업무를 담당하는 변호사
였을 뿐이다. 당시 그와 같은 직업을 가진 사람은 2만5천 명
이나 되었지만, 누구도 훗날 그가 두각을 나타내리라고는 짐
작조차 하지 못했다. 그는 훗날 제1차 세계대전 후 독일의 배
상금 문제 해결을 다룬 보고서를 작성했다.

니콜라스 머레이 버틀러는 잘 알려지지 않은 교육학 교수

였다. 하지만 그는 40세에 컬럼비아대학교의 총장으로 선출되었고, 그의 인생은 그때부터 시작되어 70세에도 학계에 이름을 떨쳤다. 기계학을 전공한 마이클 퍼핀의 주요 업적은 대부분 40세 이후에 이룬 것들이다. 그 이전의 그는 장거리 통신에 혁명을 일으킨 사람이 아니라 학생들을 잘 가르치는 교수 중 한 명에 불과했다.

월터 기포드는 40세에 전화·전신 회사의 수석 통계학자로 사장 자리에 오르면서 새로운 인생이 시작되었으며, 퍼스트 내셔널 은행의 부사장으로 재직 중이던 40세의 토머스 W. 라몬트는 1년 후 모건 가문의 일원이 되면서 그의 인생이 본격적으로 시작되었다.

40대가 될 때까지 사람들은 대부분 자신의 천분을 깨닫거나 이렇다 할 성취를 이루지 못한다. 40세는 이제 막 힘을 얻고 자신을 파악하기 시작하는 나이이다. 하지만 그런 그들에게도 전성기는 7년 정도 뒤에나 찾아온다. 그때가 되어서야 그들은 자신이 해야 할 일과 자신이 무엇을 할 수 있는지 깨닫는다. 그때까지는 세상이 그의 능력을 알아보지 못하고 재능에 걸맞은 자리를 내어주지도 않는다. 40세 이전의 그들은 자신이 어떻게 살아야 하는지 안다고 말할 수 없다.

어리석은 사람은 일찍 죽지만, 명석한 사람은 오래 산다. 평범한 사람은 자신에게 딱히 즐거운 것 없고 다른 사람들에게도 짐이 되지도 않는, 남다른 특징도 없는 타성적인 일을 이어간다. 자유는 오직 자유로운 사람에게만 있고 권력은 힘 있는 사람에게만 있는 것처럼 삶도 살아야 할 이유가 있는 사람의 삶에서만 시작된다. 공허한 사람에게는 공허함만 남는다. 나약한 사람에게 40세 이후의 삶은 시시각각 다가오는 죽음에 대한 자각뿐이다. 하지만 활기차고 생기 넘치는 사람에게 40세 이후의 삶은 서곡의 끝이자 더 위대한 음악의 시작이다.

40세 이후의 인생이 우리에게 안겨주는 가장 풍요로운 보상 중 하나는 주위 사람들이다. 동시대에 태어난 이들 중 어리석고, 멍청하고, 타락하고, 분별력 없는 사람은 40대라는 장점을 지혜롭게 넘지 못한 채 무대 밖으로 사라진다. 이 글을 읽는 당신의 주위는 현명하고, 성실하며, 진취적이고, 영리하고, 건강한 이들로 채워진다. 그렇게 40대라는 고비를 잘 넘기면 더 매력적인 동료들이라는 특별 배당금이 주어진다.

40세 이후 인생의 자산을 어떻게 사용할 것인가? 인생의 부채를 어떻게 갚을 것인가? 어떤 일을 할 것인가? 어떻게 하면 남은 날들과 시간을 현명하게 보낼 수 있을까? 40대가 된 자신에게 적합한 일은 무엇인가?

단순한 운이 아니라면 성공은 두 가지, 즉 자유 에너지와 당면한 문제를 해결하는 능력에 달려 있다. 능력도 없이 에너지만 넘친다면 실패로 끝나기 쉬우며, 에너지 없이 능력만 있다면 불충분한 성과로 이어진다. 그러므로 40대에 새로운 인생을 시작하고자 한다면 이 두 가지 중요한 문제부터 해결해야 한다.

우선, 자신이 쏟을 수 있을 만큼 에너지를 소비하지 않는 일과 여가를 찾아야 한다. 그런 다음 일과 여가를 쉽고 소화할 수 있도록 정신과 눈, 손을 훈련해야 한다.

오늘날 직업은 수천 가지에 이른다. 그중에서 자신의 에너지에 맞는 것을 찾아보라. 각자에게 맞는 에너지가 어느 정도

인지 모르는 나로서는 어디에서 그 일을 찾을 수 있는지 알려줄 수 없다. 하지만 각자가 좋아하는 직업군 중에서 무엇을 선택해야 하는지 조언해줄 수는 있다.

우리가 지닌 에너지를 다섯 단계로 나눠, 그 에너지를 다섯 가지 서로 다른 일의 유형과 결부시켜보자.

지적 활동을 하는 데 필요한 에너지가 첫 번째 단계에 속한다. 한 사람의 머릿속에서 생각하고, 아이디어를 조직화하고, 결론을 내리고, 계획을 수립하는 일은 다른 활동들보다 에너지를 덜 소모한다. 실제로 그 일에 사용되는 에너지 소모량은 너무나 적어 누구도 이를 측정할 수 없었다.

설탕 한 숟갈이나 빵과 버터 한 조각만으로도 생각하거나 정신활동에 필요한 에너지를 얻을 수 있다는 말을 들어보았을 것이다. 이 말은 사실이다. 생각이라는 활동을 할 때 두뇌는 한 숟갈의 설탕에 함유된 에너지의 1천 분의 1도 채 사용하지 않고, 그 나머지는 펜을 다루거나 깊은 생각에 빠져 머리를 흔드는 등의 부수적인 신체활동에 소모될 수 있다. 생각하는 것도 하나의 일이라고 볼 때, 지적인 노력은 그 어떤 것보다 수월하게 이루어질 수 있다.

에너지의 두 번째 단계는 작가가 생각을 글로 표현할 때 소요되는 에너지다. 생각을 글로 적어 독자에게 전달하려면 펜을 들어 종이에 글을 쓰거나 자판을 두드리는 이상의 에너지 소모가 필요하다. 작가들은 대부분 목과 혀의 근육을 많이 사용한다. 자기 자신에게 말하듯 이야기하고 나서야 비로소 글을 쓰기도 한다. 이때 사용되는 에너지는 육체노동에 비하면 소모되는 에너지가 적지만, 단순한 사고 과정에 소모되는 에너지보다 몇백 배나 많다는 것은 누구나 인정할 것이다.

세 번째 단계의 에너지는 대중 앞에서 연설하거나 행동할 때 요구되는 에너지다. 일반 청중은 깨닫지 못하지만, 이것은 보통의 육체노동보다 훨씬 더 힘든 일이다. 1시간 정도의 강연이라도 건장한 연사들조차 지치기 마련이다. 30분 정도의 열변 후에는 1시간 동안 휴식해야 하는 이들도 있다. 무대에 올라 노래를 부르거나 공연하는 것도 강한 체력과 정신력을 요구한다. 위대한 성악가들의 체격이 대부분 건장하다는 것은 이를 잘 대변한다.

에너지의 네 번째 단계는 물질적인 것들을 다루고 만드는 일을 할 때 소모하는 과정에서 나타난다. 대장장이가 쇠를 벼리거나, 목수가 나무로 무언가를 만들거나 다듬고, 자동차 수리공이 낡은 차를 고치는 것이 여기에 속한다. 그들의 일에서 요구되는 노역의 정도는 다양하고 넓다. 때로는 가장 힘든 대중 연설이나 노래, 연기와 비교할 수 없을 만큼 낮을 수도 있지만, 자전거 경주 대회에 출전하는 선수의 에너지 소모 속도는 수면 중인 사람의 에너지 소모 속도의 9배보다 높다. 극심한 육체노동의 전체 범위를 망라해서 에너지 소모량을 정확하게 계산해본 적은 없지만, 수집된 몇 가지 샘플은 두 번째 단계에 해당하는 저술 활동에 비해 적어도 3배 이상 에너지를 소모한다.

다섯 번째 단계는 개인이나 집단을 막론하고 사람을 관리하는 일이다. 모든 일 중에서 이 일이 가장 어렵지만, 이것은 흥미롭고 종종 즐거운 일이다. 우리를 흥분시키는 그 요소들이 동시에 우리를 지치게 한다. 특히 사람들과 접촉하는 일은 우리가 설득하거나 명령해야 하는 이들이라면 강력한 호르몬 반응까지 유발한다.

우리의 갖가지 활동은 이 다섯 단계의 에너지 소모 중에서 두 가지 이상이 혼합되어 있다. 한 가지 에너지로 고정된 일보다 여러 에너지 단계로 혼합된 일이 우리를 더 피곤하게 할 것이다. 제조회사의 사장이 하는 일을 상상해보라. 그가 하는 일들을 어느 한 가지 단계에 국한할 수는 없다. 그는 여러 단계를 오간다. 어느 날 아침에는 혼자 앉아 회사 정책의 어려운 문제를 골똘히 생각해야 할 것이다. 다음 날 저녁에는 말을 듣지 않는 임원 때문에 화가 날 것이다. 급여를 올려달라는 직원들을 달래야 할 수도 있다. 이런 하나의 활동에서 다른 활동으로 정신없이 옮겨 다니면서 한 가지 방식을 고수하는 사람들보다 훨씬 더 많은 에너지를 소모한다.

이 에너지 단계 중에서 당신에게 맞는 위치를 찾아보라. 불편함 없이 마음껏 쓸 수 있는 에너지는 얼마나 되는가? 가족과 의사의 도움을 받을 수도 있겠지만, 이 질문에 대답할 수 있는 것은 오직 당신 자신뿐이다. 그 답이 무엇이든 40세 이후의 일과 여가를 선택할 때는 자신이 마음껏 쓸 수 있는 에너지의 양을 생각해야 한다. 40세 이후에 보여줄 수 있는 최상의 능력은 일반적으로 이전보다 적어도 한 단계 아래일 것이다. 보통 그 나이에 에너지가 급격하게 떨어지지는 않을 것이다. 50세에 가까워질 때까지는 크게 떨어지지 않을 수도 있겠지만, 떨어지는 것은 엄연한 사실이다. 따라서 체력의 변화를 예상하고, 새롭고 다소 부드러워진 삶의 방식에 적응하기 위해 자신을 단련하는 것이 더 나은 선택이다.

이전에 즐겨 온 분야에서 활동 강도를 줄이기 전에 할 수 있는 한 가지 방법이 있다. 필수적이지 않은 것들, 그중에서도 힘이 들고 많은 시간을 들여야 하는 일을 줄이기 시작하라. 주된 활동은 별다른 변화 없이 그대로 유지하되, 과정이나 진행 순서를 단순화하라.

삶의 질문 앞에
섰을 때

40세 이후 현명한 사람들은 단순화된 삶을 지향한다. 이것을 단순한 생활과 혼동해서는 안 된다. 단순화된 삶은 자아실현과 상관없는 모든 노역을 기술적으로 제거하는 삶이다. 그것은 필수적인 일에만 모든 에너지를 집중하는 삶이다. 40세 이후라면 누구나 잘 알 듯이 성숙해진다는 것은 사소한 욕망을 버리고 중요한 목표를 추구하는 과정이다. 우리는 되도록 단순화하고 절약하면서, 몇 가지 강력하고 지속적인 욕망에 집중해야 한다. 그렇게 하면 나이들면서 에너지의 총량은 다소 줄어들 수 있더라도 그것을 보다 효율적으로 사용하게 된다. 이렇게 함으로써 성공과 성취의 가능성을 높일 수 있다.

사실 단순화된 삶을 지향하는 사람들이 하는 일은 단순한 구경꾼에게는 엄청나게 복잡하고 열정을 요구하는 것처럼 보일 수도 있다. 목표로 삼은 필수적인 일들은 정신적·육체적 에너지를 과다하게 소비하는 것처럼 보이지만, 목표를 통합하는 작업은 당사자가 아닌 그 누구에게도 보이지 않기 때문이다. 이렇게 체계 잡힌 욕망과 여가 활동은 지속적인 만족감을 안겨준다.

물론 단순화하는 것만으로는 충분하지 않을 때도 있다. 50세쯤 되면 자유롭게 사용할 수 있는 힘이 눈에 띄게 줄어들어 노동력을 낮춰야 할 때가 온다. 이것은 종종 새로운 일과 여가 방법을 배워야 한다는 의미이기도 하다. 배움에 대한 태도를 다시 정비하면서 그 나이에 맞는 것들을 익혀야 한다.

40대가 되기 전에 생각하고, 글로 정리하고, 말하고, 손과 연장으로 무언가를 만들고, 사람을 다루는 방법을 익힌다면 행운아다. 그런 그는 자신 안의 힘을 자유롭게 발산하는 방법을 이미 가지고 있다. 그는 자신의 나이에 맞춰 일과 여가를 즐길 수 있으며, 자신을 재구성할 필요가 없다. 그는 자신을 힘들게 하는 일들의 고삐를 조금 늦추거나 놓아주기만 하면 된다. 그렇게 그의 적응 능력은 완벽에 가까워진다.

그런 사람은 만 명 중 한 명에 그칠 것이다. 그와 같은 사람을 얼마나 만나보았는가? 거의 없을 것이다. 대부분은 그때 그때 배워야 한다. 그리고 자신을 엄정하게 평가한다면, 성취의 정점에서 서서히 내려오고 있다. 이를 어떻게 해야 할까? 가상의 인물로 이를 단순화시켜 살펴보자.

40세인 아치볼드 오크스는 어펜커민 가제트 사의 영업이사로, 영업직원 200명을 관리하고 있다. 매일 그들의 판매 성과를 감독하는 한편, 커다란 지도에 빨간색, 녹색, 검은색, 흰색 핀을 꽂으면서 그날의 판매 실적을 기록한다. 새로운 판매 전략을 구상하고, 최근 동향에 관한 보고서를 작성하고, 크롬 도금을 한 기계류의 관세를 올리는 법안이 통과되도록 의회 의원들을 만나 설득하고, 매년 두 차례 이상 제조업체 경영자 협회에서 연설하고, 매월 두 번째 수요일마다 지역 광고인 클럽에 나가 연설한다. 그리고 이 일들 외에 다른 소소한 일도 놓치지 않는다.

그는 손과 연장으로 무언가를 만드는 일을 제외한 나머지 일을 하고 있다. 그는 제품에 광을 내는 작업을 하기 위해 그 부서에 들어간 적이 한 번도 없다. 사업에 대한 고민과 여러 행사로 인해 수면 부족에 시달리기도 한다. 그래서 40세에 접어들어 의사로부터 일을 좀 더 줄이고 자신을 더 돌보라는 충고를 듣는다.

의사의 충고에 따라 그는 중요한 활동을 포기하지 않으면서도 삶을 단순화한다. 이를 위해 골프를 치는 횟수를 줄이고, 테니스를 그만두기로 한다. 특히 늦은 시간에 야식을 먹는 습관부터 고치기 시작한다. 대학 시절 라틴어 수업 시간에 배운 "탐식은 칼보다 더 많은 사람을 죽인다."라는 문구를 기억해 규칙적인 8시간 수면을 지킨다. 저녁 식사 후에 연례로 하는 연설 횟수를 연간 20회에서 10회로 줄이면서도 업무에 결손을 가져오지 않고 판매 목표를 달성하면서 이런 생활을 50세까지 이어간다.

이제 다소 힘에 부치는 것 느끼기 시작해, 현미경 같은 눈과 날카로운 지혜로 자기 자신을 들여다본다. 그는 상급자와의 저녁 회의가 자신을 지치게 한다는 것을 알게 된다. 사장이나 임원들과 토론을 벌이면서도 늘 정중하고 부드러운 어조를 유지해야 하는 부담감과 긴장감은 하급 직원들에게 지시를 내릴 때보다 훨씬 극심하다. 그는 이런 일을 오전에 끝낼 수 있다면 압박감이 훨씬 덜하다는 것을 알아차렸다. 그래서 그는 늦은 시간에 하던 모든 미팅을 영업직원들과 회의가 끝난 직후인 오전 11시에 하자고 사장을 설득한다. 그 밖에 정신적·육체적 힘을 많이 소모하는 것으로 생각되는 소소한 업무들도 모두 재조정하거나 빈도를 줄이거나 1시간으로 줄였다.

그는 기계 공장에서 더 다양한 업무에 익숙해지기 위해 사출 부서에 들어가서 각종 도구를 다루는 일과 더 친숙해지기로 한다. 교외에 있는 자기 집에서 채소밭을 가꾸며, 그것이 골프 대신 즐길 수 있는 가장 좋은 취미라는 사실도 알게 된다. 실제로 골프장에 나가는 횟수가 줄어들었고, 각종 채소를 들여다보는 시간이 점점 길어지고 있다.

앞으로 다가오는 50대와 60대를 예의주시하면서, 그는 비즈니스와 경제에 관한 대중 연설에 좀 더 역점을 둘 수 있도록 스케줄을 조절한다. 그는 연단에 서는 것 자체가 즐겁다. 그가 말솜씨가 뛰어날 뿐만 아니라 듣기 좋은 바리톤 목소리를 지닌 덕분에 청중들에게도 호감을 준다. 특히 그는 연설할 때, 준비해온 원고를 줄줄이 읽는 것은 고사하고 연설 내용을 슬쩍 곁눈질하는 일조차 없이 잘못 읽은 부분을 죄의식 없이 내려다보지 않고 아주 매끄러운 말투로 연설해서 청중을 사로잡는다.

이렇듯 자신이 즐기는 일을 함으로써 비즈니스와 국제 정세에 관한 그의 식견이 날로 깊어지는 것도 큰 도움이 된다. 그는 기술 관련 보고서를 분석할 뿐 아니라 다양한 분야의 책을 읽으면서 대부분의 시간을 보낸다. 그리고 그 분야에 종사하는 사람들이 관심을 가질 만한 주제로 업계 전문지, 신문에 기고하는 것을 확고한 원칙으로 삼고 있다. 그는 이 일에서 생각했던 것보다 훨씬 더 많은 보람을 찾고, 이 일을 더 일찍 시작하지 못한 자신을 책망하기도 한다.

느리지만 확실한 걸음으로 그는 비즈니스와 무역, 사회 복지에 관한 이론을 발전시켰다. 과도한 부담으로 기진맥진하고 남들에게 떠밀려 했다면 이 모든 것은 결코 시작도 하지 않았을 것이다. 모호한 견해들을 하나씩 정리해가면서 그는 조금씩 발전하는 자신을 느낀다. 40세 이후에도 예전과 똑같이 삶을 고집스럽게 이어가다가 어느 순간 변화의 가혹한 요구에 시달리는 사람들과 달리 그는 남들보다 빛나는 60번째 생일을 맞이한다. 타고난 에너지 보유액과 그 활용 사이에서 멋진 균형을 이룬 것이 그를 건강하고 행복한 삶을 살게 해주고 있다. 이 얼마나 멋진 일인가. 아치볼트, 그가 가상의 인물이라는 사실이 너무나 유감이다.

"하지만 당신은 순전히 희망이 빚어낸 망령은 아닙니다. 나는 당신과 비슷한 삶을 사는 사람을 많이 알고 있습니다. 그들이 조금만 더 일찍 시작했더라면 당신처럼 되었을지도 모릅니다. 그렇지 않은가요, 아치볼트?"

이것이 우리가 얻어야 할 교훈이다. 자기 분석과 지적인 실험을 해보겠다는 마음만 먹으면 누구라도 에너지의 자연스러운 흐름에 맞게 일과 여가를 재조정함으로써 더 풍요롭게 사는 법을 배울 수 있다. 하지만 사람들은 대부분 생업과 여가 활동을 에너지 소모 차원에서 생각하지 못한다. 단순한 재미나 부, 사회적 지위 같은 차원에서만 즐거움을 찾는다. 이것이야말로 가장 중대하고 가장 심각한 잘못이다.

가장 작은 행동뿐만 아니라 가장 중요한 행동조차 에너지 소모량이나 패턴이 있다. 따라서 당신이 어떤 행동을 하더라도 일정 부분의 에너지 소모는 감수해야 한다. 다음의 질문을 자신에게 해보라.

그 일을 감당할 수 있을까? 똑같은 양의 에너지로 내일이나 5년 후에 더 큰 보람을 안겨줄 다른 일을 할 수는 없을까? 어느 정도의 에너지 단계에서 가장 편안하게 삶을 즐길 수 있을까? 어느 단계에 고통을 느끼는가? 어떤 종류의 식단과 어느 정도의 칼로리 섭취가 가장 큰 행복감을 안겨주는가? 온종일 다른 사람을 지휘하고 감독하는 일을 견딜 수 있는가? 제멋대로인 아이들을 가르치느라 씨름하는 엄청난 스트레스를 견딜 수 있는가? 적어도 일주일에 한 번은 누구도 만나지 않고 쉬어야 하지 않는가? 워크숍으로 보낸 하루가 나를 상쾌하게 하는가, 아니면 더 피곤하게 하는가?

힘들이지 않고 이런 질문에 대답하는 순간, 그전에는 짐작조차 하지 못한 새로운 인생이 시작된다.

지나간 것은 이미
지나갔다

"아이가 7살이 될 때까지는 그 아이를 내게 맡겨주시고, 그 이후에는 누가 그 아이를 키우든 상관하지 않겠습니다."

한 성직자가 한 말이다. 이것은 틀린 말이다. 나는 이 말에서 단어 하나만 바꾸고 싶다.

"아이가 70세가 될 때까지는 그 아이를 내게 맡겨주시고, 그 이후에는 누가 그 아이를 키우든 상관하지 않겠습니다."

나는 한 아이가 태어나서 70세가 될 때까지 제대로 배우고 교육받지 못하면 그 이후에는 그의 성격을 바로잡기가 거의 불가능하다고 확신한다. 태어나서 70세가 될 때까지 모든 순간이 중요하다. 진보적인 사상가들이 다 자란 성인들을 보살피고 정신적인 자양분을 제공하는 것도 그런 이유에서다.

태어나서 10년이 가장 중요한 것은 분명하지만, 그다음 60~70년을 결정짓는 것은 아니다. 나약하고 신경증적인 사람만이 유아기의 노예가 된다. 이에 대한 정신분석학자 프로이트와 융, 아들러 등의 연구 결과는 너무도 명확하다. 비록 퇴행, 억압, 분열과 같은 방어기제에 대한 그들의 이론은 좀 더 따져봐야겠지만.

정상적인 아이는 성장하면서 새로운 성격을 추가하고, 새로운 행동양식을 계발하며, 타고난 기질 대부분을 벗어버리면서 변화한다. 우리 대부분이 지킬 박사와 하이드처럼 긴 변신 과정을 거쳐, 어린 시절의 흔적 정도만 남아 있는 새로운 인격체가 된다.

나이에 따라 개인은 각기 다른 화학적 시스템을 가지고 있다. 10살 아이는 결코 세월이 흘러 몸이 자란 아기가 아니다. 40대가 된 사람도 단순히 청소년의 몸에서 많은 경험으로 풍요로워진 상태가 아니다. 시간은 인간의 본성에 별다른 영향을 미치지 못한다고 짐작하는가? 그것은 인간의 본성에 대한 이해가 모자란 탓이다.

유아기는 하나의 화학적 성질을 갖는 영역이고, 청소년기는 또 다른 영역이며, 중년기는 세 번째, 노년기는 네 번째 영역이다. 아기는 어른에게는 아무런 상처도 입히지 않는 질병으로 인해 사망에 이르기도 한다. 노인은 젊은이에게 영향을 미치지 못하는 감염 때문에 사망에 이른다. 따라서 10살 이전의 삶과 40세 이후의 삶이 전혀 다르다. 나이가 들면서 원래의 성질은 사라지고 새로운 특성이 생겨나며, 그 결과는 전혀 다르다.

한 인간의 평범한 생애 동안 일종의 급진적인 진화를 목격한다. 40세 이후는 새로운 인생이다. 중년을 어린 시절의 안타까운 잔재라고 생각하는 해묵은 오류를 범하지 마라. 어린이는 어른의 아버지라는 생각을 버려라. 이 반쪽짜리 진실에 매달리지 마라. 나이가 들어가면서 아이의 모습은 차차 녹아들어, 경험이 많고 노련해진 성인 속에 유아기의 침전물만 남을 뿐이라고 말하라.

정신분석학자들의 잘못된 생각으로 인해 오늘날 교육자들은 성인에게서 유아의 그림자만 보려 한다. 성인기는 어린 시절의 소원을 이루기 위해 노력한다는 그들의 말을 믿지 마라. 그것은 거짓이 아니라 의미 없는 말이다. 정상적인 아이들은 해마다 숱한 간절한 소원을 품으며, 이 소망은 성장하면서 변한다. 어느 날은 경찰관이 되고 싶다던 아이가 6개월 후에는 소방관이 꿈이라고 말한다. 그러다가 마술사의 화려한 기술에 빠져들고, 아프리카 초원을 다룬 책을 선물 받은 뒤에는 사냥꾼이 된 미래를 상상한다.

아이들을 주의 깊게 지켜본 사람이라면, 아이의 관심은 반 년마다 바뀐다고 확신할 것이다. 그런 관심사는 하나씩이 아니라 두세 가지가 한꺼번에 찾아온다. 이것은 의심할 여지 없이 신체와 정신이 동시에 성장하고 있다는 증거이며, 따라서 어린 시절의 소망을 언급하는 것은 무의미하다.

40세 이후 인생이 시작되면 기회는 완전히 새롭고 더 풍부하게 찾아온다. 우리는 저마다 오래전부터 꿈꿔왔던 일을 한다. 이것을 유아적인 소망이라고 말하는 것은 전혀 틀린 말은 아니며, 그것은 틀렸다기보다는 의미 없는 말이라고 해야 옳다. 그것은 어린 시절에 뿌리를 두고 이후 계속해서 변화해왔기 때문에 의미가 없다.

그렇다면 무엇을
배워야 할까

많은 이들이 자신이 무엇을 하고 싶은지, 무엇을 갖고 싶은지, 무엇이 되고 싶은지 모른 채 산다.

"인생은 40세부터라고요? 그럼 내가 지금 무엇부터 시작해야 할지 알려주세요."

어리석은 사람들은 이렇게 말한다. 그들은 내 말의 의미와 핵심을 제대로 이해하지 못하고 있다. 40세에 인생을 시작하는 사람은 자신이 진정 무엇을 하고 싶은지 안다. 그 정도도 모른다면 그는 인생을 새롭게 시작할 수 없다. 무엇을 소망하는지 아는 것이 그 소망을 이루는 것보다 훨씬 더 중요하다. 소망하고 원하는 것을 모른다면 그것을 찾아내는 것이 지금 가장 먼저 해야 할 일이어야 한다. 자기의 계명을 안고 월든

호수로 간 데이비드 소로우를 본받아야 한다. 소로우는 이렇게 말한다.

"나는 신중하게 살기 위해, 삶의 참된 진실을 곁에 두고 살기 위해, 그것이 가르쳐주는 것을 내가 놓치지 않았는지 확인하기 위해 그곳에 갔다. 죽음 앞에서 내가 참된 인생을 살지 못했음을 깨닫는 일이 없기를 바라기에 그곳에 갔다. 삶은 너무나 소중하기에 나는 삶이 아닌 삶을 살고 싶지 않았다. 체념에 익숙해지고 싶지 않았다. 나는 진정한 삶의 정수를 모두 뽑아내며 깊이 있는 삶을 살고 싶었다."

얼마 지나지 않아 그는 한 가지 생각을 덧붙였다. 그것은 그의 이전과 이후 많은 이들의 마음속에 싹튼 생각이자 워즈워스의 마음에도 샘솟았던 생각이다.

왜 이리도 속된 삶이 많은가
헛된 일에 매달리느라 가진 것마저 허비하면서
정작 앞에 펼쳐진 자연은 보지 못한 채

소로우는 이를 이렇게 말했다.
"우리의 관심사는 너무나 흩어져 있다. …… 이제는 그 관심사를 백이나 천이 아니라 두세 개로 모으고, 백만이 아니라 대여섯만 세면서 간소한 인생을 살아야 한다."

고등학교와 대학에서 소로우의 교훈을 가르치거나 배우지 못한 것이 얼마나 안타까운가. 모두가 모호한 이상만 품고 있다. 교육 개혁가들은 대학에 성인 교육을 위한 프로그램과 정책이 부족하다고 불평해왔다. 그들은 대학생들의 충격적인 이탈률과 불규칙한 출석률이 교육 체계의 모호함을 증명한다고 말한다. 그렇다면 부실한 체계로 인한 혼란을 어떻게 피할 수 있을까?

가장 깊은 결함은 인생철학의 붕괴에서 비롯한다. 이 결함은 전통적인 삶의 철학이 무너진 데서 비롯했다. 나는 새로운 세계를 깊이 성찰함으로써 자신을 헤아리고 가치 있는 것과 하찮은 것을 명확하게 가려낼 만큼 경지에 이른 사람을 보지 못했다. 우리에게는 새로운 관점과 자연을 비추는 새로운 거울이 필요하다. 그리고 자신을 깊게 들여다볼 줄 알아야 한다. 단순히 공간적인 차원에서 자신을 바라보는 것으로는 부족하다. 시간의 흐름 속에서 자신을 볼 줄 알아야 한다. 시간이 지나면 과거의 관점은 왜곡되기 때문이다. 우리는 우리가 하는 일을 시간, 날, 주, 연 단위로 정리한다. 우리가 도달하는 일정은 주어진 시간 내에 무엇을 할 수 있는지에 좌우되어야 한다.

흔히 성인 교육을 다루는 대학 관계자들은 현실을 직시하지도, 시급한 문제를 해결하지도 못하고 있다. 그들의 강의 목록을 살펴보라. 타자, 회계, 비즈니스 외국어다. 외국어 회화, 현대 소설 읽기, 중세 미술 감상, 그리고 형이상학이다. 이런 강의를 듣는 이들을 인터뷰해보라. 첫 번째 그룹에 속한 이들에게 절실한 것은 생계다. 더 나은 일자리와 더 높은 임금을 기대한다. 그들에게 이들 과목은 교육과는 전혀 무관한, 순수한 돈벌이 수단일 뿐이다. 두 번째 그룹은 더 모호하다. 일부는 교양을 쌓는다고 믿고, 이를 배우지 못한 것을 늘 아쉬워한다. 소수는 단순히 배울 것이 없어서 듣는다.

이 두 집단의 끊임없는 요구에 대학들이 응한 것을 탓하지 말자. 교육은 비누 제조나 쓰레기 수거를 비롯해 다른 모든 좋은 일처럼 수요와 공급의 법칙에 따른다. 사람들이 원하는 것을 대학은 제공해야 한다. 하지만 사람들이 필요로 하는 것을 제공하는 것은 전혀 다른 이야기다. 사람들은 자신이 무엇을 필요로 하는지 모르고, 원하지 않는 것을 필요로 한다고 말하면 화를 낸다. 그렇다면 교수진은 무엇을 할 수 있을까? 솔직히 말해 그 효과는 미미하거나 전혀 없을지도 모른다.

40대가 되어서도 자신에게 필요한 것을 모르는 사람을 가르치는 것은 쓸모없는 짓이다. 이는 키 큰 참나무에 카나리아의 배설물로 영양을 공급하는 것과 다를 바 없다. 40대에 접어든 사람이 자신의 활동을 선택할 만큼 자신을 제대로 평가하지 못한다면 아무리 훌륭한 교육이라도 그에게 조금도 도움이 되지 못할 것이다. 20살 대학 신입생의 지적 요구와 40대가 된 평범한 사람의 요구 사이에는 비교할 수 없을 만큼 차이가 있다. 그 차이는 갓난아이와 인부의 식단만큼이나 크다. 청소년을 위한 훈련을 응용하면 성인의 근성을 단련할 수 있으리라 상상하는 것은 인간의 본성에 대한 무지를 드러낼 뿐이다.

여전히 그렇게
살 것인가

40세가 지나면 배움은 집에서 시작된다. 그것은 생계에 관한 문제가 아니라 삶 그 자체의 문제다. 그것은 얕은 지식이 아니라 내적 성숙에 관한 것이다.

이제 당신은 유럽인들이 우리의 비극적이면서도 우스꽝스러운 사이비 문화를 지켜보며 안타깝게 고개를 젓는 이유를 이해할 것이다. 그들은 물리적인 것으로부터 동력을 끌어내는 기술에서는 최고의 천재인 우리가 매 순간 자신의 개인적 에너지를 헛되이 낭비하는 모습을 지켜본다. 그들은 우리의 학교와 공동체, 기업과 가정생활 앞에서 어리둥절해한다.

"물질적인 힘을 이토록 잘 다루는 사람들이 정신적인 힘을 다루는 데는 왜 이토록 어리석을까?"

이것은 한마디로 노골적인 비난이다.

사람들은 대부분 40대 이전이든 이후이든 5가지 과업 중 한두 가지에 자신의 에너지를 쏟아붓는다.

첫 번째로, 사람들은 어른이 되기 위해 애쓰지만, 현실과 괴리된 교육 시스템 탓에 대개 불완전한 성공에 그친다. 이들 대부분은 40대가 되어서도 여전히 어린아이와 같다. 그들은 여전히 자기 힘으로 자기 삶을 살지 못한다.

두 번째로, 사람들은 부와 권력 또는 명성을 얻는 데 힘을 쏟는다. 그래서 단조롭고 고된 일에서 벗어나기 위해 술과 유흥, 허튼소리에만 의지하는 무미건조한 탐욕꾼이 된다. 그런 그들에게 내적 성장을 기대할 수는 없다. 그들에게 남은 것이라곤 딱딱한 등껍질뿐이다.

세 번째로, 부모로서 그들은 자녀의 품행과 진로를 일방적으로 지시하거나, 남편과 아내는 서로를 소홀히 한다. 일방적인 지시와 책임감 없는 방임 사이에서 그들은 중간 지점을 찾지 못하며, 그 결과 제대로 관리하지 못한 자녀와 끊이지 않는 이혼이 기다린다.

네 번째로, 사람들은 타인의 품행과 사생활을 간섭하며 나무라지만 정작 그중 하나라도 자신이 제대로 지키지는 않는다. 그들은 자신과 생각이 같은 이들을 선동해 마음에 들지 않는 사람에게 폭력을 행사하게 함으로써 사회에 악영향을 초래한다.

마지막으로, 사람들은 남들의 조롱과 공격 대상이 될까 두려워하고, 그래서 타인에게 뒤처지지 않으려고 사소한 것이라도 남들을 따라 한다. 그런 식으로 자신의 개성마저 완전히 지워버리고, 결국 40세 이후의 삶을 불가능하게 만든다.

해결책이 있을까? 탈출구가 있을까? 있지만 쉽지 않다. 그것은 어리석은 사람에게는 열리지 않는다. 그것은 온전한 지성과 40세 이후 풍요로운 삶을 살고자 하는 열망에서만 비롯한다.

배우고자 하는 사람은 근본적인 문제에 천착해야 한다. 깊고 넓게 생각하고, 제대로 읽고, 정확하게 말하고 쓰고, 세심하게 관찰하는 법을 배워야 한다. 이런 것이 우리를 지치게 하지는 않을 것이다. 이것들은 에너지를 거의 소모하지 않으므로 중년에 적합하다.

이것만이 전부가 아니다. 가장 넓은 의미에서 다양한 언어와 합리적인 논리를 익혀야만 인간관계가 넓고 깊어진다. 유능한 교사는 적은 노력으로 어린 제자들을 가르치지만, 일만 열면 말장난을 일삼는 산만하고 서툰 교사는 한 걸음 나아가기 위해 지루하게 긴 길을 돌아가야 한다. 논리적인 사람이라면 10분 안에 정리할 내용을 수다쟁이는 씩씩거리며 1시간을 질질 끈다. 모든 일이 그렇다. 근본을 알고 이해하는 사람은 평탄한 길을 걷는다. 그들은 남들과 같이 주어진 에너지로 평균 수준의 사고력과 언어를 구사하는 사람보다 10배 이상의 성과를 올린다.

여기서 더 나아가자. 산다는 것은 보고 듣는 모든 것에 효율적으로 반응하는 것이며, 관심 있는 사람들로부터 반응을 끌어내는 것이다. 그렇다면 효율적인 행동이 갖는 개인적인 실리를 넘어 명쾌함이 주는 순수한 기쁨을 누려야 옳지 않은가? 무엇이 무엇인지 알아야 하지 않은가? 혼탁함이 아닌 수정처럼 맑게 봐야 하지 않는가?

다른 여러 성취 중에서도 자기가 하고 싶은 말을 논리적으로 말할 수 있고, 할 말이 없을 때는 침묵을 지켜야만 사는 법을 배웠다고 할 수 있다. 이런 점에서 본다면 진정 성장한 이들은 얼마나 될까?

시작하려면 제대로
시작하라

유토피아가 도래하면, 학교는 모든 아이에게 가능한 한 깊이, 그리고 최대한 많이 사고하는 훈련을 시키도록 운영될 것이다. 이는 아이들이 더 건강하고 행복해지는 데 이바지할 뿐만 아니라 아이들의 수명을 연장할 것이다. 그때도 가장 고귀한 결과는 학습자가 40세를 넘어야 나타날 것이다. 그때는 몸의 자연스러운 감속에 맞게 에너지 소비량을 낮추는 것이 얼마나 쉽고 즐거운지 깨달을 것이다.

그들은 또한 능숙하게 말하고 논리 있게 글을 쓰도록 교육받을 것이며, 40대가 되면 자신의 전문 분야에서 고된 노동자가 아닌 조언자 역할을 시작할 수 있을 것이다. 그들은 오직 집중적인 훈련을 통해서만 분명하게 사고하고 설득력 있게 표현하는 법을 터득할 것이다.

하지만 지금의 우리 학교들은 유토피아와는 거리가 멀다. 학생들의 사고력과 언어 능력을 향상하지 못하고, 그 때문에 40세 이후의 삶을 준비시키지도 못한다. 중년의 비참한 실패는 상당 부분 교사들에게 책임이 있다. 이 악을 바로잡으려면 혁명이 일어나야 한다. 교사들은 40세가 되기 훨씬 전에 이미 지쳐버린다. 그들은 극성스러운 아이들을 관리하는 데 모든 에너지를 쏟아붓기 때문이다. 지친 교사들에게서 결코 좋은 학교와 훌륭한 교육이 나올 수 없다.

초기 교육이 잘못되었다고 해도 제 페이스를 찾는다면 그나마 다행이다. 하지만 학교 교육의 내재적 문제를 극복한 사람이 있더라도 그들이 누리는 승리는 너무도 짧다.

"인생이 40세부터 시작된다고요? 그러면 우리에게 남은 시간은 별로 없지 않습니까?"

한 비관론자가 내게 이렇게 말했다. 그는 50대 중반에 사망하는 이들이 많다는 통계를 인용했다. 이 얼마나 편협한 생각인가. 의사와 심리학자들 대부분은 사람들이 젊은 나이에 죽는 주된 이유가 삶을 제대로 시작하지 못했기 때문이라는 내 의견에 동의할 것이다. 청년기의 어리석은 물질 만능과 열악한 노동 환경, 우매한 인생철학은 중년기까지 그대로 이어진다. 질 나쁜 경영자들의 흔한 수법이 무엇인지 아는가? 그들은 머리 좋은 젊은이들에게 빠른 승진과 부에 대한 장밋빛 꿈을 심어주고, 중간 간부나 감독 자리에 앉혀 한계까지 몰아붙인 뒤, 인성이 무뎌질 때까지 그 속도를 유지하도록 몰아붙이는 것이다.

37세 이후에 미국인들은 다른 나라 사람들보다 훨씬 더 빨리 죽는다. 대개 신장과 심장, 혈관 기능이 멈춘다. 55세가 되면 사망률이 충격적이다. 만약 그들이 40세 전까지 자신을 혹사한 뒤, 다가오는 중년의 공포에 사로잡혀 인생을 새롭게 시작하려 했다면 어쩌면 성공할 수도 있을지 모른다. 하지만 몸과 영혼에 받은 심한 손상 때문에 아마도 50대 후반이면 세상을 떠날 것이다.

40세에 새로운 삶을 시작하고 싶다면, 60대를 지나 70대가 되어서도 훨씬 더 오래 살고 싶다면 어릴 때부터 계획을 세워야 한다. 이 진부한 격언은 너무 오래되어 여기서 되풀이하기조차 부끄럽지만, 반드시 잊지 말아야 한다.

"제대로 시작하면 40세는 인생의 절정기가 될 것이다."

사고만 없다면 여든까지 건강하고 활기차게 살 것이다.

인생을 함부로
재단하지 마라

"이제 젊은이의 세상이다."

얼마나 자주 듣는 말인가. 우리는 위대한 인물들이 20대에 전성기를 맞이하고, 어떻게 40대가 되기도 전에 명성을 얻었는지 그들의 기록을 샅샅이 좇는다. 그러면서 40대가 넘어서까지 애쓰는 게 무슨 소용이 있느냐고 생각하기도 한다.

이런 이야기는 특정 분야의 성공에만 해당한다. 시인, 화가, 연설가, 그리고 몇몇 과학자와 발명가들은 젊을 때 전성기를 맞이한다. 하지만 세계 최고의 걸작 중 90퍼센트는 나이든 사람들이 이루어냈다. 이는 앞으로도 변하지 않을 것이다.

청춘의 가장 큰 자산은 무엇인가? 열정, 에너지, 열망, 강렬한 감정이다. 이런 특징이 작업의 질이나 양을 향상하는 분야라면 어디에서든 청춘이 유리하지만, 경험과 노련한 판단력, 영향력 있는 넓은 인맥, 신중함, 인내심이 요구되는 모든 고도의 노력에서는 오히려 청춘이 불리하다.

단순한 일일수록 더 빨리 숙달된다. 젊은이들은 쉬운 일에서는 눈부신 성공을 거둔다. 그렇지 않다면 세상은 참으로 슬플 것이다. 상상력이나 왕성한 에너지에 좌우되는 작업은 20대와 30대에도 훌륭히 할 수 있다. 하지만 인간과 세계에 대한 정확한 이해를 요구하는 일은 40대가 되어야 비로소 숙달된다.

성공은 천천히 느지막하게 찾아온다. 40대 넘어 비로소 자기가 지닌 능력을 최대한 발휘하는 사람은 드물다. 연소득이 높은 이들 중에서도 40대 이전에 이 수준에 이르는 사람은 상대적으로 적다. 대학 교수, 과학자, 성직자, 변호사들도 그렇지 않다. 1930년 미국 기계기술학회의 연구 결과가 보여주듯 기술자들은 나이가 들수록 보수가 놀라울 만큼 성장한다. 예를 들어 기계 기술자들은 55세에 이를 때까지 수입이 계속해서 늘어난다. 이때 평균 연봉은 약 7,500달러다. 이들 가운데 상위 10퍼센트는 60세까지 꾸준히 수입이 증가하며, 현역으로 계속 활동하는 한 연간 2만5천 달러 이상을 벌어들인다. 반면 하위 10퍼센트는 45세 전후로 정점에 도달하는데, 이때 연간 약 3,500달러를 번다.

젊은 사람들은 자신이 선택한 분야에서 훈련에 더 많은 시간을 투자해야 하며, 그런 뒤에도 더 오랜 시간 보조적인 지위에 머물러야 한다. 심리학자이자 심리측정학의 선구자 에드워드 손다이크는 위대한 인물들이 자신의 걸작을 탄생시키는 평균 나이가 47.4세라는 사실을 알아냈다. 그는 각계각층에서 두각을 나타내는 331명을 조사했다. 여기서 성취 유형을 구분하지 않아 특정 작업과 나이 간의 의미 있는 상관관계는 나타나지 않지만, 그는 우리가 생각해온 더 넓은 의미의 질문에 실마리를 제공하며, 그의 답은 본질적으로 우리의 답과 같다.

많은 분야에서 40대 이전에 성취하기도 하지만, 내가 다른 책《성취의 심리학》에서 밝혔듯이 매우 중요한 창조적이며 건설적인 행위들은 40대라는 고개 너머 발견된다. 일부 분야는 젊은이들이 거의 독점하는데, 특히 의학 연구가 그렇다. "이 세상에 활력을 불어넣는, 인상적이고 감동적인 업적은 25~40세 사이에 이루어진다."라는, 현대의학의 아버지 윌리엄 오슬러 박사의 말이 잘못 인용되곤 하는 것도 이 때문이다. 서정시 역시 예상할 수 있듯이 젊은 작가의 영역이다. 슈베르트와 모차르트, 슈만의 노래 같은 서정 음악도 마찬가지

다. 가볍고 경쾌한 소설 역시 젊은 작가들만의 영역이라고 해
도 무방하다.

하지만 이들의 업적은 40대가 되면서 갑작스럽게 끝난다.
더 웅장하고 풍성한 성공은 머리카락이 희끗희끗해지면서
시작된다. 헨델은 56세에 〈메시아〉를, 바흐는 44세에 〈마태
수난곡〉을 작곡했다. 교향곡의 아버지로 잘 알려진 하이든의
걸작들은 모두 50세 이후에 나왔으며, 그의 〈천지창조〉는 67
세에 완성되었다. 베토벤은 세월이 흐를수록 실력도 늘어, 그
의 가장 훌륭한 곡들은 45~57세 사이에 탄생했다. 바그너의
〈트리스탄과 이졸데〉는 46세에, 〈파르지팔〉은 69세에 완성
되었다.

회화 분야에서 레오나르도 다빈치는 54세에 〈모나리자〉를
그렸고, 렘브란트의 가장 위대한 작품 대여섯 점은 50세 이후
에 탄생했다. 17세기 네덜란드 미술계를 이끈 프란스 할스는
70세 이후에 가장 아름다운 작품들을 남겼으며, 미켈란젤로
의 가장 위대한 구상들은 59~89세 사이에 캔버스에 구현되
었다.

전기 작가들에 따르면, 위대한 예술가 고야는 37세까지 의
미 있는 작품을 전혀 남기지 못했다. 그 이후부터 건강 악화
와 함께 천재성이 폭발했고, 이는 40대를 거쳐 50대, 60대에

걸쳐 꾸준히 발전했으며, 70대 중반까지 이어졌다. 그는 72세에 투우장 장면을 묘사한 33점의 놀라운 판화를 제작했으며, 이 외에도 20점의 초상화를 그렸다. 이처럼 거의 모든 중요한 분야에서 노장 예술가들의 집단을 마주한다.

위대한 업적은 이쯤에서 멈추고, 평범한 일들에서는 어떨까? 거기에서는 상황이 다르지 않을까? 예전에는 그랬지만 오늘날은 그렇지 않다. 이를 입증하기 위해 실제로 있었던 사례 하나를 제시하겠다. 이것은 수천 개의 다른 사례들과 맞먹을 만하다.

미국 콜로라도주 덴버의 에밀리 그리피스 기술학교는 전 세계에서 가장 주목할 만한 학교 중 하나다. 우리의 주인공은 중년 여인이다.

"전 세탁부예요."

그녀가 그리피스 여사에게 말했다.

"평생 빨래만 해왔지요. 하지만 이젠……."

그녀가 두 손을 펴 보였다. 류머티즘으로 굽어지고 뒤틀린 손이었다.

"더는 빨래를 할 수가 없어요. 그래서 여기 와서 공부하고 싶어요. 항상 되고 싶었던 게 있었는데, 그걸 더 하고 싶어요."

이렇게 말하는 그녀의 검은 얼굴이 환해졌다.

"세상 그 무엇보다 더."

교장과 새로운 제자, 그들은 학교 복도에 함께 서 있었다. 이 학교는 아침 9시부터 밤 9시까지 열려 있으며, 8살 아이부터 80세의 노인까지 다양한 학생이 공부하는 곳으로, 생계를 꾸리는 데 도움 되는 것이라면 무엇이든 원하는 것을 배울 수 있다.

"우리가 도울 수 있다면 도와드리죠. 그런데 어떤 일을 하고 싶으세요?"

그리피스 여사가 물었다.

그녀가 진지한 눈빛으로 바라보며 말했을 때, 그리피스 여사의 심장은 쿵 하고 내려앉는 듯했다.

"모자를 만들고 싶어요."

그리피스 여사는 그동안 피부가 흰 학생, 검은 학생, 붉은 학생, 갈색인 학생, 노란 학생을 비롯해 온갖 인종의 학생들을 가르쳐 왔다. 정신적으로 문제인 학생도 가르쳐 왔다. 그리피스 여사는 그들이 자신조차 들어본 적 없는 것들을 배우는 모습을 늘 보아왔다. 그래서 기적에 익숙해져 있었지만 이번 일은 당황했다.

그리피스 여사는 우리에게 그 이야기를 전하며 이렇게 말했다.

"전 오래전에 그들에게 하지만 힘들 거예요라고 말하지 말아야 한다고 배웠어요. 그들이 할 수 없을지 누가 알겠어요?"

그리피스 여사는 그녀를 모자 제작 교실에 데려가 담당 교사에게 말했다.

"이분을 위해 할 수 있는 걸 해주세요."

교사는 낮에는 덴버에서 가장 고급스러운 매장 중 한 곳의 여성용 모자 책임자로 일하고 있었다.

"이분을 특별히 신경 써주세요. 원하는 건 무엇이든 시도할 분이에요. 뭔가 새로운 결과로 이어질지도 모르니까요."

그리피스 여사는 그 결과가 두려웠다고 우리에게 솔직하게 말했다. 그 투박하고 미숙한 눈이 고를 색상의 부조화를, 그 뻣뻣하고 굽은 손가락이 리본과 장식, 섬세한 깃털과 장식품을 행여나 망가뜨리지는 않을지 염려했다. 며칠 고민한 그리피스 여사는 더 이상 미룰 수 없다고 생각해 결국 그녀가 배우는 교실로 찾아갔고, 그곳에서 깨달았다.

교실에는 많은 모자가 있었다. 그 중년 여인이 만든 모자는 촘촘하고 튼튼하게 박음질 된, 검은색과 흰색이 어우러진 것으로, 누가 봐도 충분히 사고 싶어 할 만했다. 침침한 눈과 굽은 손가락으로도 충분히 그것을 할 수 있음을 보여준 것이다.

그 모자는 길고도 명예로운 역사의 시작이었다. 그 여인은 다시는 세탁부로 돌아가지 않았다. 대신 그녀는 이후 모자 상점을 차렸고, 몇 년 뒤에는 그 분야에서 유망한 기업인으로 성장했다.

에밀리 그리피스는 여전히 사람들에게 "당신은 할 수 없습니다."라고 말하지 말아야 한다고 믿는다. 그래서 그녀는 늘 이렇게 말한다.

"그들이 할 수 있을지 없을지 내가 어떻게 알겠어요?"

"그들이 할 수 있을지 없을지 어떻게 알겠어요?"

이 질문은 오늘날 모든 심리학자와 인사 관리자들이 되뇌는 말이기도 하다. 지금, 필요한 기술은 학습자가 스스로 저항하거나 지레 포기하지 않는다면 어느 연령대이든 빠르고 확실하게 배울 수 있다. 하지만 '스스로 저항하거나 지레 포기하지 않는다면'이라는 단서가 붙는다. 이런 나쁜 속성은 40세 이후의 삶을 방해하는 데 일조하기 때문이다.

기술 전수는 유감스럽게도 일에 대한 감정과 경직된 태도에 의해 방해받는다. 노련한 사람에게도 새로운 기술을 가르칠 수 있지만, 노련한 사람이 그 성취에 관심을 가져야만 가능하다. 하지만 대개는 그렇지 않다. 이 때문에 우리는 가장 골치 아픈 문제에 직면한다. 그것은 인간의 뿌리 깊은 행동양식인 변화에 대한 반감과 두려움이다.

산업혁명이 시작된 이래, 직업을 바꾸는 것에 대한 이런 감정적인 저항은 발전을 지연시키고 끝없는 문제를 야기했다. 우리는 이를 목격해왔다. 수작업하는 방직공들은 직기의 도입에 맞서 싸운다. 유리 직공은 목숨을 걸고 현대식 유리 제조 기계의 사용을 막았다. 그런 투쟁을 바라보며 우리는 흔히 "저 불쌍한 사람들이 자신의 일자리를 지키려고 애쓰는구나."라고 말한다. 그것은 생존을 위한 끝없는 투쟁이며, 그래서 의도적이라고 말한다. 하지만 사실은 그렇지 않다.

그것은 두 가지 강력한 풍조가 결합한 것이다. 하나는 자신이 하던 기존의 직업이 사라지면 그 자리를 대체할 새로운 직업이 없을 것이라는 두려움이며, 다른 하나는 다른 일을 하는 것에 대한 막연하고 무기력하며 완고한 반감이다. 불행히도 수천 건의 사례에서 그 두려움은 근거가 충분했으며, 새로운 발명품이 등장한 후 사람들은 빈곤에 빠졌다. 또 다른 많은 사례에서도 다양한 상황이 복합적으로 작용해서 새로운 일에 적응하기 어렵게 하고, 이는 반감을 부추긴다. 하지만 노동자들이 열악한 환경에서 벗어나지 못할 때, 유능하고 야심 있는 사람들은 자기가 가진 기술을 새로운 산업 부문에 전수한다.

그들은 예전 일자리에서 새로운 일자리로 옮겨가는 기간을 견뎌야 하는 부수적이지만 매우 현실적인 어려움을 제외하면 심각한 투쟁 없이도 이를 해낸다. 물론 그 과도기가 그들을 공포에 떨게 하고, 그 공포를 피하려는 고용주들을 당혹스럽게 하기도 한다. 하지만 대개는 이행당사자 모두가 더 유연하고 미래 지향적인 태도로 그 불행한 기간을 단축하고 완화시킨다.

여기서 한 가지 교훈이 등장한다. 젊은이들은 그런 갑작스러운 일의 변화를 대비하고 예상하도록 훈련받아야 한다. 그들은 자신이 가진 기술을 이전하는 데 숙달되어야 한다. 이것은 그들이 여러 가지 일을 동시에 배워야 한다는 것을 의미한다. 젊은이들에게 한 가지 기술만 훈련시키는 전통적인 직업 훈련 정책은 더 이상 통하지 않는다. 그것은 자살행위나 다름없다. 현대 사회는 다재다능한 인재를 갈구한다. 각각의 업무는 한 사람이 지닌 시간 중 일부만을 차지하고, 그의 능력 중 극히 일부만 요구하는 추세이기 때문이다. 이전 시대에는 사람들이 직장과 고용주에게 종속되었다. 반면에 오늘날 그들은 자유로워졌다. 나이가 들수록 더욱 자유로워진다. 40대가 되면 자기 일에 종속되는 것을 거부할 수 있다.

안타깝게도 노동자들이 생계를 꾸려가는 수천 가지 직업 중 더 넓고 높은 능력을 발휘할 기회를 제공하는 직업은 100개 중 1개도 채 되지 않는다. 이것을 지나친 일반화라고 생각하는가? 그렇다면 내가 했던 것처럼 두 가지만 해보라. 수익성 있는 직업의 목록을 훑어보고, 각 직업의 종사자 수를 확인해보라. 그런 다음 그렇게 큰 수익을 받는 사람이 일하는 곳을 방문해 평범한 하루 동안 그들이 무엇을 하는지 지켜보라. 그것이 전부다.

안타깝게도 삶의 방식으로서 일이 갖는 의미는 점점 더 퇴색하고 있다. 그것은 본래 그래야 할 모습, 즉 생계를 꾸리는 수단으로 전락하고 있다. 이 사실을 알게 되면서 우리는 환상에서 깨어난다. 몇 년만 더 지나면 노동이라는 복음은 점성술과 손금 보기와 같은 처지에 놓여 엉터리 사기꾼 같은 썩은 냄새를 풍기게 될지도 모른다.

그럼에도 불구하고 젊은이들은 여전히 최고의 에너지를 자기가 맡은 일에 쏟아 부어야 한다. 그들이 40세에 인생을 시작하려면 최대한 빨리 자리를 잡아야 하기 때문이다. 나이든 사람들이 일을 좀 더 가볍게 받아들일수록 젊은이들은 더 진지하게, 하지만 현재와는 다른 방식으로 받아들여야 한다.

3장

무엇을 하고
어떻게
살 것인가

시간이 없다는
거짓말

일은 일이고, 놀이는 놀이다. 그런데 우리는 일을 거짓된 놀이로, 놀이를 거짓된 일로 바꿔버린다. 이렇게 경계가 허물어지면서 삶 자체가 뒤죽박죽된다. 이 모든 것은 '시간은 돈이다.', '행복은 봉사하는 삶에서만 이루어진다.', '일을 통해 최고의 자아실현에 이를 수 있다.', '40세 이후에 긴장을 푸는 것은 위험하다.'와 같은 오염된 생각들 때문이다.

나는 이 자리에서 이런 생각이 왜 문제인지 장황하게 늘어놓지 않겠다. 하지만 40세 이후의 여가 활동을 좀 더 명확하게 인식하기 위해 몇 가지를 언급하겠다.

먼저, "시간은 돈이다"라는 오래된 격언을 살펴보자.

교과서에 실린 낡디낡은 격언 중 가장 어리석은 것은 "시간은 돈이다”라는 말이다. 이 말은 새빨간 거짓말이다. 시간은 돈이 아니다. 시간은 결코 돈으로 환산될 수 없다. 시간은 돈이 창조되고 사용되는 차원이다. 아니, 시간은 삶이며, 적어도 생명의 본질이다.

모든 사람은 출생에서 죽음까지 일종의 운영 자본을 획득할 기회를 지니고 태어난다. 그 기회는 바로 시간이다. 이 시간은 신생 기업가가 요람에서 기어 나와 새벽을 맞이하기 위해 걸음마를 시작하는 순간부터 투자 준비가 된 채 대기할 것이다. 그가 능숙하고 운이 좋아 노년의 고비를 넘길 때까지 버틸 수 있다면 이 시간은 모두 그에게 지급될 것이다.

그는 자신의 시간을 남에게 양도할 수 없다. 친구에게서 시간을 빌리거나 훔칠 수 없다. 돈은 단순히 교환 수단일 뿐이다. 하지만 시간은 수단이 아니며, 교환할 수 있는 것도 아니다. 시간은 삶 그 자체의 가장 깊은 본질이다.

이 모든 주제에 관해 1928년 10월 《하퍼스 매거진》에 실린 〈페니와 생각 케이크〉를 보라. 이 글을 쓴 익명의 저자보다 더 현명한 말을 한 사람은 없을 것이다. 그의 말에 귀 기울여 보라.

“개인적인 금전 문제의 해답은 저축하느냐 저축하지 않느냐가 아니다. 진정한 해답은 돈에 대해서는 완전히 잊어버리고, 시간을 현명하게 쓰는 문제, 그리고 대가가 어떻든 흥미롭고 중요하다고 판단되는 선택된 일에 자신의 모든 생각과 에너지를 집중하는 것이다. …… 시간을 쓰는 문제를 상식적으로 처리한다면 그보다 사소한 금전 문제는 저절로 해결될 것이다. 어떤 바보라도 돈을 모을 수는 있지만, 아무리 현명한 사람도 기회를 저축할 수는 없다. 그러므로 기회는 있을 때 활용해야 한다."

엉뚱한 말처럼 들릴 수도 있지만, 그는 그만의 경험으로 이를 입증한다. 물론 단 하나의 사례가 무엇인가를 입증하지는 않는다. 그래서 나는 더 많은 사례로 그를 뒷받침해주고 싶다. 나는 시간을 먼저 생각하고 돈은 부수적으로 생각하는 것을 불변의 규칙으로 삼아 놀라운 성공을 거둔 사람을 여러 명 알고 있다.

내가 아는 가장 부유한 사람은 내가 아는 한 한 번도 자기 명의로 500달러 이상을 소유한 적이 없다. 그는 항상 자기가 하고 싶은 일을 해왔지만, 충동적으로 행동한 적은 없다. 그는 1년 혹은 2년 앞을 내다보며 시간 활용 계획을 철저하고 신중하게 짜왔다. 그는 전당포 주인이 담보로 맡겨진 보석을 저울질하듯 자신의 모든 이익을 꼼꼼히 따져왔다. 목표를 정한 후에는 그 목표를 이룰 방법과 수단을 모색했다. 이 과정에서 당연히 비용 문제와 맞닥뜨린다. 하지만 그 누구도 그보다 더 정교하게 비용을 계산한 사람은 없었다. 그런데도 그는 돈 자체에는 전혀 관심이 없었다.

그는 무일푼 신세로 선원들이 묵는 남루한 여인숙에서 잠을 청한 일이 한두 번이 아니었다. 하지만 그런 난처한 상황은 오래가지 않았는데, 이는 그가 진정으로 갈망하는 것을 이루고야 말겠다는 의지가 있었기 때문이다. 그는 필요한 시간 이상으로 일한 적이 없다. 삶을 조직화하는 능력 덕분에 쓸데없는 일들로 허둥대는 일은 없었다.

언제까지 쫓겨
살 것인가

"40대에 일을 그만두고 여생을 즐기면서 사는 사람은 거의 없을걸요."

누가 그와 논쟁하겠는가? 나는 아니다. 일을 계속하든 그만두든 인생은 40세부터 시작한다. 나는 생계를 위한 노동을 포기해야만 진정으로 살 수 있다고 주장하는 것이 아니다. 모든 역사가 그런 터무니없는 주장을 반박한다. 40세가 넘어야 비로소 일을 제자리에 돌려놓을 수 있다.

이제 인간은 마침내 자신의 노동을 초월하고 있다. 이것이 새로운 시대가 가져온 승리다. 그 승리는 아직 완성되지는 않았지만, 언제나 그랬듯이 위에서 아래로 순조롭게 진행 중이다. 하지만 대다수는 여전히 자신이 처해 있는 때와 장소에 알맞은 삶의 철학을 갖추지 못했다. 그들은 혹독한 노동과 끊임없는 투쟁, 지나친 영악함, 동물적 교활함, 그리고 조잡한 경건함이 뒤섞인 개척자 정신의 퇴색한 잔재에만 여전히 집착한다.

사람과 그의 직업에 대해 크게 신경 쓸 필요가 없다는 주장에 일부는 찬성할 것이다. 지겨울 정도로 반복되는 말이지만, 일은 인생이라는 집의 한 귀퉁이에 불과하기 때문이다. 삶을 영위하는 기술에는 일도 포함되며, 이는 개인적 관심사와 조화를 이루어야 한다. 하지만 우리 중에 극소수만이 그런 개인적 관심과 흥미를 표현할 수 있는 생계 수단을 발견하며, 앞으로는 더욱 적어질 것이다.

삶을 영위하는 기술은 일에 집중되지 않는다. 예술가, 철학자, 과학자, 그리고 몇몇 운 좋은 이들을 제외하면 그렇다. 세상의 모든 직업 중 98퍼센트가 노동자가 가진 에너지의 극히 일부분만 이용하고 대부분의 주된 에너지를 흘려버린다. 대다수에게 직업이 삶 그 자체가 아니다. 직업은 삶의 아주 작은 한 단면에 불과하다. 수 세기 전에 레오나르도 다빈치가 지적했듯이 한 가지 일에 꾸준히 매진한다면 그 누구도 그 분야에서 성공하지 못할 바보는 없다. 하지만 삶을 영위하는 기술에서 다채로운 기술을 갖추려면 중년의 원숙함과 균형 있는 시야를 통한 기술과 경험이 필요하다.

며칠 동안 일에서 벗어날 수 있도록 일을 체계화하라. 이를 위해서는 명료한 사고와 확고한 의지가 필요하다. 무엇보다 감상적인 태도를 버려야 한다. 삶을 영위하는 기술을 자유롭게 익힐 수 있도록 자신을 단련하는 것은 인격이 온전히 갖추어졌을 때 얻어지는 큰 보상이다. 그것은 스스로 통찰하고, 스스로 계획을 세우고, 자신을 적절히 통제해야만 가능하다.

멈추고 살펴보고
경청하라

　영국의 소설가이자 극작가 아널드 베넷은 하루 24시간을 어떻게 살아가야 하는지 보여주었다. 나는 종종 그가 그 주제에 관한 매력적이고 현명한 책에 부록을 써주기를 바랐다. 그는 인생을 어떻게 살아가야 하는지 세상에 가르쳐야 했다. 그것이 진짜 어려운 과제다.

　지금까지 자신의 전 생애를 계획했던 사람이 있을까? 그런 사람은 없었다. 누군가의 삶이 타인에 의해 계획될 수도 있겠지만, 그것은 철저한 비극일 뿐 그 이상도 이하도 아니다. 스스로 자신의 인생 계획을 짜는 문제에 관해서는, 이 고급예술을 제대로 해낼 만큼 자신을 충분히 이해한 사람은 아무도 없으리라 확신한다. 우리는 누구나 해마다 다르게 변한다. 한 단계에 마냥 머물 수는 없다. 우리는 늘 변화를 갈망하며, 가장 흥미로운 변화는 예상하지 못한 일들이 쏟아질 때 찾아온다. 인생에서 모험은 하나의 공식으로 집약할 수 없다. 인생이 모험이나 도박과 다를 바 없다면 남은 인생을 정확하게 계획한다는 꿈은 얼마나 허황한가. 5년 계획조차 짜기 힘들지 않은가.

그래도 그 아이디어는 대충 구상하고 부분적으로 실현될 수 있겠지만, 그것도 안정된 삶을 꾸린 후에야 가능하며, 추측하건대 30대 중반에서 40대 초반쯤이어야 할 것이다.

앞으로 50년이 더 남았다고 가정해보자. 공학적인 문제처럼 그 문제를 명확히 바라보라. 1시간은 정확히 60분, 하루는 24시간이다. 나머지는 누구나 잘 알 것이다. 밤 8시간은 수면, 하루 8시간은 업무에 할당하고, 옷 갈아입고, 양치질하고, 면도하고, 우편물을 열어 확인하는 등 현대 생활에서 피할 수 없는, 삶에 기쁨을 더해주지 않는 일들에 필요한 시간도 계산하자. 그러면 남는 시간은? 필수적인 것 외에 좋은 일들을 할 수 있는 시간은 1년에 약 2,500시간이다. 물론 이는 평균값이다. 일부 불운한 사람들은 달력에서 2천 시간도 채 짜내지 못할 수 있고, 운 좋은 사람들은 3천 시간 이상을 취할 수도 있다. 하지만 그런 사례는 모두 무시하자.

　평범한 남성과 여성이 연간 2,500시간의 자유 시간에서 얼마나 많은 것을 만들어낼 수 있는지 살펴보자. 껌을 씹는 것부터 번지점프에 이르기까지 온갖 종류의 즐거움을 한 덩어리로 뭉쳐보자. 각각의 즐거움이 주는 만족감은 평균 15분 정도다. 그렇다면 인생에서 최대한 즐기며 살려면 먹고 잠자고 일하는 데서 얻는 기본적인 만족을 제외하고 매년 1만 가지에 이르는 서로 다른 만족을 경험해야 한다. 반세기 동안 50만 번의 즐거움이다. 무엇으로 이 시간을 채울까? 다시 말하지만, 그것은 공학적인 문제다. 그것은 에너지 소비량과 시간, 상대적 가치를 측량하고 비교하는 복잡한 기술이다. 무엇보다 시간을 이해하고 배분하는 고도의 기술이 필요하다.

　이 말을 의심하는가? 그렇다면 시험해보라. 그것은 아주 간단하다. 어느 날 아침 일어나자마자 하루를 점검해보라. 몇 년 전에 한 공무원이 이 방법을 시도했는데, 전혀 의도하지 않았음에도 불구하고 인간의 기쁨과 슬픔에 대한 다소 우스꽝스러워도 가치 있는 기록을 작성했다. 그는 시간에서 얻은 즐거움을 분 단위로 측정하려 애썼다. 하지만 그중 가장 큰 즐거움, 즉 자신을 분석하는 행위 자체를 기록에 남기지 못했을 것이다. 그렇지 않은가?

　한 사람의 품격은 그의 시간 감각으로 가늠된다. 배고픈 아기에게 1시간은 영원처럼 느껴진다. 방과 후 학교에 남아 뒤처진 공부를 하는 아이의 1분은 노인의 하루보다 더 길게 느껴진다. 젊은이에게 몇 달은 가슴 아픈 한 해가 되기도 한다. 이런 인식에는 큰 기대와 조바심, 충동, 통찰력과 같은 여러 요소가 작용한다. 바라는 일이 이루어지기를 기다릴 때, 초침은 얼마나 느리게 흘러가는가? 모든 좋은 것을 기다리는 청춘은 달력을 보며 애간장이 탄다. 반면에 어느 시간마다 별다른 기대가 없는 노인들은 그 시간 속에서 급류처럼 흐르는 강을 본다. 욕망 역시 그렇다. 젊은이들의 맹렬한 욕망은 늘 시간이 모자라지만, 노년의 욕구는 완만하다. 경험을 통해서만 얻을 수 있는 통찰력도 마찬가지다. 어린아이들의 세계는 그 순간의 갈망으로만 한정되지만, 성인은 자신의 야망을 한 세대 속의 하나의 에피소드로 생각한다.

격렬한 성적 욕망이라는 좁은 시야로는 체계적인 삶이 불가능하다. 한 박자 늦추는 것, 이것이야말로 가장 효율적인 반응이다.

"멈추고, 살펴보고, 경청하라!"

이것이 지혜의 시작이다.

그 시간에 무엇을
하는가

고대 사람들은 깊이 있는 사색과 심미적 쾌락에서 여가의 가치를 찾았다. 그들은 기후, 환경, 사회제도, 자연을 대하는 인간의 능력 등 여러 요소를 토대로 문화적 다양성을 이루었고, 이는 그들의 여가에 대한 인식에도 반영되었다. 그들이 그랬듯이 여가의 매력은 지금까지 수많은 사람을 유혹하고, 바쁜 현대인들까지 매료시킨다.

왜 그렇게 많은 미국인이 프랑스를 사랑할까? 왜 그렇게 많은 지적인 미국인들이 여전히 그곳이 천국이라도 되는 양 파리로 몰려갈까? 답은 간단하다. 프랑스인들이 수 세기 전에 나름대로 삶의 기술을 터득하고 완성했기 때문이다. 이것이 그들에게는 최대의 영광이다. 찬사와 더불어 비난의 말이 있었지만, 그것은 프랑스인들이 현대 사회에 선사한 가장 큰 선물이다. 가파른 몽마르트르 언덕에 사는 가난하고 늙은 문지기부터 웅장하지만 따분한 성에 사는 이들에 이르기까지 이 갈리아인들은 한가한 시간에서 즐거움의 정수를 짜내는 방법을 알고 있다. 그것을 어떻게 음미하는지도 그들은 안다.

다른 나라 사람들에게 프랑스인들은 인생을 허비하는 것으로 보인다. 프랑스인들은 중고차 한 대 값을 깎기 위한 흥정에 아침을 통째로 할애한다. 하지만 그들은 적어도 와인 병이 놓인 탁자 위에서 흥정한다. 테이블은 마로니에 나무 그늘에 놓여 있고, 나무 밑에는 신문팔이 소년이 앉아 신문을 읽고 있다. 속물적인 정서로 보면 소년은 목청 터지게 신문을 팔아야 할 텐데 말이다. 중고차를 사고팔기 위해 흥정하면서 그들은 드라마의 첫 장면이나 최근 국내외 정세를 논한다. 누구도 거기에 대해 제대로 아는 바가 없지만 다들 장황하게 이야기한다. 그런 다음에는 센강에서 낚시할 때인지 이야기하고, 저급한 포도 품종에 대한 짧은 한탄이 이어지고, 마침내 정오가 가까워질 무렵에야 누군가 중고차를 언급한다.

신랄한 논평으로 널리 알려진 언론인 프리드리히 지부르크는 프랑스에서 여러 해 보낸 뒤에 이렇게 말했다.

"진보적인 독일인에게 끈 하나를 주면, 그는 그것으로 뭔가

유용한 것을 만들어내기 전까지는 쉬지 않을 것이다. 하지만 프랑스인이라면 그것을 낚싯줄로 바꿔버릴 것이다.”

프랑스인들은 삶과 생계를 꾸리는 것을 혼동하지 않는다. 이것은 인간의 존재 양식에서 그들이 진취적인 독일인이나 미국인보다 우월하다는 것을 입증한다. 인간이 삶을 즐기기 위해 일한다는 것은 너무나 당연하다고 그들은 생각한다. 그 밖에 다른 무엇을 위해 고생하는 것은 바보짓이라고 여긴다.

이제 그런 유럽의 생활 방식과 여가 문화는 다른 나라에 옮겨 올 수 없다. 사실 어떤 형태의 여가라도 그것을 낳은 문화와 분리될 수 없으며, 그렇지 않으면 감상주의나 어리석은 모방으로 흐르기 쉽다. 여가를 계발하려면, 그것이 우리의 환경과 우리 안에서 자연스럽게 자라도록 해야 한다. 우리의 풍토는 유럽과는 완전히 다르다. 우리는 매우 활동적이고 훨씬 더 쾌활하다. 우리의 음식, 의복, 업무 습관, 심지어 국토의 지형마저 그들과 우리를 구분 짓는다. 무엇보다 시간관념이 전혀 다르다. 우리는 4차원에서 살고 있다. 과거는 가능한 한 빨리 잊어버리고, 항상 앞을 보고 나아간다. 우리는 사회의 진보를 당연한 원칙처럼 받아들이지만, 프랑스인들은 그것을 유치한 환상이라고 경멸한다. 우리에게는 활동이 생명이다. 그리고 이런 활동은 사색과 미적 즐거움과는 어울리지 않는다.

나는 우리의 이상은 분주한 여가라고 생각한다. 이는 활발한 활동이 계속되는 동안 자유 시간을 활용하는 방식이다. 그 속에서 휴식은 그 후에 더 활발한 활동을 하기 위해 긴장을 푸는 시간이다. 후대의 비평가가 이것이 우리 문명의 치명적인 결함이라고 할지도 모르지만, 나는 그와 논쟁하고 싶지 않다. 내가 주장하는 것은 분주한 여가가 우리의 상황을 있는 그대로, 우리의 환경을 있는 그대로 반영한다는 것이다. 이런 우리의 현실에 맞게 교육 프로그램을 개선해야 한다. 우리의 대학을 그 나라의 철학자, 논쟁가, 미학자, 시인들을 키우는 온실로 활용하는 것보다 더 심각한 오류는 없을 것이다. 이들을 모방하는 것은 결코 우리의 속도에 맞지도 않는다.

그렇다면 무엇이 우리의 속도에 맞을까? 이 질문은 결코 답을 얻지 못했다. 이 문제를 풀려면 우리 현실을 있는 그대로 받아들여야 한다. 실제로 현재 우리는 자유 시간을 어떻게 사용하는가? 우리는 여분의 돈과 개인적 에너지를 어떻게 이용하는가? 관련 통계에 따르면, 넓은 의미에서 개인 수입의 약 4분의 1이 여가 활동을 위해 쓰인다. 교육비와 거의 비슷한 금액이 여행을 위해 쓰인다. 반면에 스포츠에는 놀라울 정도로 적은 시간과 돈을 소비한다. 모든 스포츠를 합쳐도 콘서트, 악기, 레슨에 들이는 금액의 절반에도 미치지 못한다. 영화

관람에 쓰이는 돈은 화장품 구입과 미용실 이용에 드는 비용의 절반 수준이다. 음료수나 군것질에 들이는 돈은 영화 산업 그 이상이다.

모든 형태의 사교성 활동은 여가 지출 항목에서 여행 다음으로 큰 비중을 차지한다. 연간 거의 60억 달러가 다양한 형태의 사교 활동과 사교를 돕기 위한 편의, 즉 고급 의류, 화장품, 클럽 회비 등에 쓰이기도 한다. 그다음으로 레저 활동이 이어지며, 약 35억 달러의 비용이 발생한다. 하지만 두 주요 항목과는 대조적으로 전통적인 여가 활동은 무시해도 될 만큼만 지출한다. 예를 들어 운동이나 독서, 예술 활동, 연극 관람은 사람들과 만남을 즐기거나 여행과는 비교할 수 없다. 이들 중 어떤 것도 연간 5억 달러를 넘지 않는다.

물론 이 비교는 적절하지 않다. 우리는 많은 자유 시간을 돈이 들지 않는 활동을 하며 보낸다는 것을 안다. 대부분은 어떤 한 가지에 확실하게 집중하지 않고 여러 관심사에 손을 대는 경향이 있다. 또한 빈둥거리고, 수다를 떨고, 친구들과 놀러 다니는 일도 많다. 그렇게 다소 목적 없이 영화, TV 시청, 야구장, 당구장, 카페, 자동차, 주말여행, 클럽과 식당 등 다양한 유혹에 빠져든다.

이런 잡다한 관심이 우리의 가장 심각한 문제 중 하나다. 이 문제를 해결하지 못하면 우리는 망한다. 값싼 쾌락은 항상 값비싼 오락을 몰아낸다. 쉬운 쾌락은 어려운 것을 밀어내며, 단순한 것은 복잡한 것을 밀어낸다. 우리 산업 문명의 전체적인 흐름은 쉽고 단순하며 값싼 만족을 증식시키는 쪽으로 나아가고 있다. 이는 일부 경제학자들이 추측한 것처럼 대중의 저급한 정신과, 소비자의 값싼 취향에 호소하려는 기업들 때문만이 아니다. 대량 생산과 대량 판매에 그 뿌리가 있다. 생산자들은 대학 졸업생부터 어리석은 사람에 이르기까지 모든 사람에게 물건을 팔고 싶어 한다. 그래서 그들은 마음을 살 수 있는 최소한의 공통분모를 찾기 위해 애쓴다. 저급한 취향과 문화, 권력, 그리고 경제적 소비 능력이 그것이다.

하지만 이런 값싸고 일시적인 만족감은 지적인 40대에게는 어울리지 않는다. 그런 것은 교육받지 못하고 통속적인 젊은 이들을 위해 고안되고 계획된 것으로, 그들은 매년 많은 돈을 오락이나 여흥이라 잘못 불리는 하찮은 활동에 쏟아붓는다. 40대가 되면 우리는 여가의 본질을 해치지 않으면서도 최대한 저렴하고 단순하며 쉽게 즐길 수 있는 방법을 찾으려 노력한다. 이것은 우리 학교들이 오래전부터 맡았어야 할 일이다. 하지만 늘 그렇듯이 구원책을 찾아야 하는 것은 성숙하고 지적인 우리의 몫이다. 그렇다면 우리는 어떻게 해야 할까?

그들이 새롭게
찾은 것

먼저 찾아야 할 것은 여행이다. 여행은 가장 고귀한 여가 활동 중 하나다. 보통 여행이라고 하면 사람들은 여행 안내서를 손에 쥐고 이곳저곳을 미친 듯이 뛰어다니거나, 수백만 개의 광고판을 지나며 길게 이어지는 유흥을 생각한다. 하지만 그것은 난폭한 운전과 다르지 않다.

세상을 직접 경험하는 것은 문화의 기초 중 하나다. 40대가 되면 다시 발걸음을 자유롭게 옮기며 수많은 새로운 인연을 만들 수 있다. 그럴수록 여행 경비는 점점 더 가벼워진다. 집에서 머무는 것만큼이나 다양한 곳을 찾아다니는 프로그램은 흔해졌으며 비용도 저렴해졌다. 자동차 여행의 경우, 약간의 기발한 절약으로 비용을 줄일 수 있다. 계획을 신중하게 세운다면 적은 비용으로도 해안 한 곳에서 멀리 있는 해안까지 횡단할 수 있다.

소파에 들러붙은 듯 멍하니 앉아 있거나 누워 있을 바에야 차라리 다른 곳에서 눈이 휘둥그레질 만큼 멋진 풍경을 감상하는 편이 더없이 현명하다. 사무실 책상에 묶여 지내는 사람은 인생의 즐거움 대부분을 놓친다. 집을 지키는 것이 벽에 붙어 있는 그림처럼 자신의 신성한 의무라고 여기는 이들도 마찬가지다.

여행 다음으로 책을 읽어라. 독서는 가장 고매한 형태의 문화다. 여가에 몰두하는 이들이 좋은 책의 세계를 열고 싶다면 지금보다 독서의 질을 높여야 한다. 특히 뉴스를 이해하는 면에서는 나이든 사람이 젊은 사람보다 유리하다. 40대가 되기 전까지 신문을 제대로 읽는 사람은 흔하지 않다. 물론 이 기술의 절반 이상은 배경지식을 신속히 이해하는 데 있으며, 젊은이들은 이를 습득할 시간이 부족하다는 뜻이다. 오직 시간과 경험만이 기억의 캔버스에 그런 지식을 그려 넣을 수 있다. 나는 직업적인 이유로 많은 신문 구독자를 관찰하고 기록해왔다. 이 경험을 토대로 증언하건대, 30살 이전에 신문을 제대로 읽는 사람을 거의 보지 못했다.

일반적인 독서에서는 모든 연령대의 너무나 많은 사람이

느리고 부정확하게 읽는다. 일반적으로 사람들은 학교를 졸업하자마자 좋은 책을 멀리하는 경향이 있다. 서점과 도서관의 각종 통계 수치가 이를 확실히 보여준다. 역사나 철학, 문학, 비평, 또는 다른 수준 높은 영역의 책을 읽음으로써 최선의 효과를 얻으려면 독서 기술을 2배, 3배로 높여야 한다. 40대가 된 사람들은 젊은이들보다 쉽게 이 기술을 높일 수 있다. 나는 40~70세까지의 사람들 중에서 꾸준한 연습으로 독서 속도와 정확도, 독서의 즐거움까지 향상시킨 이들을 많이 보아왔다.

여행과 독서 다음은 슬기로운 대화다. 독일의 철학자이자 사상가 쇼펜하우어는 그의 책 《잠언》에서 이렇게 말했다.

"지적 우월성이 아무리 뛰어나도 40대가 되기 전에는 대화에서 우위를 점할 수 없다. 나이와 경험이 지적 재능을 대체할 수는 없지만 그보다 훨씬 더 큰 무게를 가질 수 있기 때문이다."

40대가 안 된 사람이라면 100만 명 중 한 명이라도 농담이나 우스꽝스러운 행동을 제외하면 들을 가치가 없다. 내가 알고 있는 가장 뛰어난 대화의 달인들은 모두 65세를 넘은 사람들이었다. 이 기술의 숙련도는 경험과 함께 성숙한 인간이 삶을 계획하고 설계하는 과정에 성장한다.

저녁에 머리를 손질하는 데 쏟는 노력의 절반만이라도 대화를 준비하는 데 기울인다면 삶은 더 즐거워질 것이고 이혼과 살인 사건도 상당히 줄어들 것이다. 사업적 인맥을 쌓는 데 들이는 시간의 10분의 1만이라도 대화 기술을 연마하는 데 투자한다면 장기적으로 그들의 사업도 나아질 것이다. 멍청한 장사꾼조차 좋은 대화를 높이 평가하기 때문이다.

40세 이후에 즐기는 다른 여가 활동에 관해서는 에드워드 마일즈의 사례를 보라. 그는 50세에 멋진 인생을 시작하기로 결심했다. 그래서 사업을 정리하고 11미터짜리 범선을 하나 사서 드넓은 세상을 구경하기 위해 1928년 뉴욕에서 출발했다. 이 글을 쓰는 몇 달 전, 그렇게 4년 동안 긴 여행을 마친 그가 샌디훅 앞바다에 다시 모습을 드러냈다. 그는 드넓은 세상을 찾아다니느라 그간 저축한 3만 달러를 모두 썼다고 말했다. 그러고 나서 그는 웃으면서 이렇게 덧붙였다.

"이제 일자리를 찾아야 할 처지가 되었군요."

그에게 가장 적합한 직업은 교사라고 생각한다. 그는 사람들에게 40세 이후를 살아가는 기술을 가르칠 수 있을 것이다. 《뉴욕 타임스》의 전 편집장 카르 반 안다도 빠질 수 없다. 이제 70세에 이른 그는 순수한 흥미로 고등 수학을 공부하고 있다. 그는 뉴욕에서, 아인슈타인의 상대성 이론은 물론 에딩

턴과 진스의 우주론을 제대로 이해한 유일한 언론인이었다. 은퇴한 지금 그는 저명한 천문학자들의 오류를 지적하는 데 여유로운 시간을 쓰고 있다. 몇 달 전 그는 우주가 어디로 흘러가는지에 관한 최신 가설 중 하나에 수학적 오류가 발견되었다는 날카로운 분석을 과학 저널에 발표했다.

3년 전 여름, 나는 우연히 옛 친구를 만났다. 그는 예전에 자동차 사업을 했는데, 당시 그는 자동차 잡지에서 늘 등장하는 똑같은 활자와 종이, 그리고 똑같은 색상을 보는 데 지쳐 보다 참신하고 예술적인 인쇄에 관심을 두었고, 관련 분야 전문가들의 도움 없이 홀로 공부를 시작했다. 그때 그는 뉴저지주 메이플우드에 살고 있었고, 그곳에서 나는 그의 작업실을 처음으로 가보았다. 작업실은 뒤뜰이 아니라 거실 아래의 지하실에 있었다.

거실 바닥의 뚜껑 문을 열고 내려간 지하 작업실에는 온갖 종류의 활자와 종이, 그리고 소형 인쇄기가 있었다. 그는 그곳에서 광고 카드와 광고물을 직접 만들었다. 직접 새로운 활자와 색깔을 만들고, 특수지까지 제작했다. 그의 작품 중 상당수는 수준이 높아 업계 간행물에 소개되기도 했다. 그 뒤 우리는 3년이 지나서야 다시 만나게 된 것이다.

나는 그에게 인쇄소 일은 잘되고 있느냐고 물었다. 그러자 그는 아무 말 없이 웃더니 나를 끌고 한 호텔로 데려갔다. 그곳의 자기 방으로 데려가서 6점의 큰 그림을 보여주었다. 그중 3점은 아주 근사한 초상화였다. 색감은 물론 독창적인 붓놀림에 절로 놀랐다.

"이젠 그림을 수집하나 보군."

내가 말했다.

"아니, 내가 그린 것들이네."

그가 말했다.

"어쩌다 이런 일을 하게 되었나?"

내가 물었다.

"지난여름 가족들이 산악여행을 갔고 나만 홀로 남아야 했지. 지루해서 죽을 맛이더라고. 그래서 뭔가 새로운 일을 하고 싶었지. 그러던 어느 날 아침이었지."

그날 아침, 그는 우연히 화방을 지나다가 큰 물감 상자와 붓, 캔버스를 할인해서 판매하는 것을 보게 되었다. 나도 알다시피 그는 붓을 손에 쥐어본 적도 없었다. 게다가 40세가 훌쩍 넘은 나이였다. 하지만 그는 왠지 재미있을 거라는 예감이 들었고, 화방으로 들어가서 한 세트를 샀다. 그때 그는 유화용 물감의 희석제인 테레빈유나 건조제를 어떻게 다루는지조차 몰랐다. 색상의 차이도 구분하지 못했고, 붓에 대해서도 아무것도 몰랐다.

처음에는 교습소를 찾아갈까도 싶었지만 곧 그 생각을 접했다. 재미는 스스로 작업하면서 알아가는 데 있다고 생각했기 때문이다. 그래서 이 방을 빌려 부지런히 작업했다. 이후 가장 어렵다는 초상화 그리기에도 뛰어들었다. 처음 2점은 지하실에서 작업했던 때의 기억을 더듬어 그렸다고 한다.

"지금 생각하면 그때는 정말 미친 짓이었지. 내가 원하는 색을 어떻게 얻는지도 몰랐으니까."

그러다 한 가지 방법을 찾아냈다.

"5번가를 오르내리며 의상실 쇼윈도에 진열된 옷들을 구경하는 거라네. 마음에 드는 색상의 옷을 발견하면 숙소로 돌아와 그 색을 만들어봤지. 캔버스에 그 색을 칠한 다음 다시 그 의상실 쇼윈도로 가서 그 옷과 색깔을 비교했지."

그렇게 그는 여름 내내 작업했고 가을이 되자 어느 정도 감을 잡았다. 그때부터 내가 보는 이 초상화들을 완성했다.

"나쁘지 않지?"

친구가 뿌듯한 표정으로 말했다.

장담하건대 그 작품들은 나쁘지 않은 것이 아니라 위대한 예술가가 본다면 이것을 그린 사람은 화가 자질이 대단하다고 말할 것이다. 이 그림들이 세상에 나온 과정을 생각하면 더욱 그렇다.

40세 이후에 순수한 취미와 재미로 실험하고 공부하는 것은 특히 활동적인 사람들에게 적합한 여가 활용법이자 더없이 흥미로운 생활 방식이다. 새로운 발견과 아직 누구도 시도해보지 않은 프로젝트를 끊임없이 파고드는 아마추어 발명가와 뒷마당의 과학자들을 보라. 그들은 40대의 문턱에 닿을 때까지 일에 매여 살아야 하는 불행한 젊은이들에게는 더없이 부러운 삶이다. 그들은 실제로 그렇게 살고 있다. 자신만의 흥미와 유익한 일에 여가를 쓰는 사람들, 그들이야말로 이 땅의 진정한 문명인이자 가장 행복한 사람이다.

삶의 속도를
조절하는 법

행복은 40세가 지나야 가장 쉽게 찾아온다. 젊은이들에게는 잠깐 스치는 순간만 있을 뿐 행복은 오래가지 않는다. 활력이 넘치는 때는 끊임없이 무언가를 해야 한다는 압박감으로 인해 행복의 토대가 되는 정서적 평정심을 유지하기 힘들다. 청춘은 수많은 충동이 솟구치는 시기이지만, 제대로 정리되지 않은 야망과 거친 꿈이 넘치는 때다. 또한 무언가를 추구하고, 찾으며, 시도하고, 시험하는 시기다. 이 모든 경향이 행복해지는 것을 어렵게 한다.

그렇다면 행복은 무엇인가? 나는 그것을 자아실현을 동반하는 감정 상태라고 말하겠다. 이 자아실현의 과정은 현재의 지배적인 욕망을 성공적으로 수행해가는 유기체 전체가 원활하게 기능하는 것이다. 자아실현 그 자체만으로는 행복이 아니다. 자아실현을 즐길 때만 비로소 행복으로 이어진다. 우리는 그것에 주의를 기울이고, 깊이 성찰하며, 음미해야 한다. 그 소중한 경험은 행동과 휴식에서만 이루어진다. 이 두 가지는 노련한 자기 통찰과 재능을 겸비한 사람에게서 가장 잘 발달한다.

그런 사람은 세 가지 중요한 사항을 이해한다. 첫째, 그는 오랜 학습을 통해 자신의 모든 소망이 서로 어떻게 연관되는지 알고 있다. 둘째, 그는 그 소망들이 자신이 가진 특별한 재능에 어떻게 잘 어울리는지 알고 있다. 마지막으로, 그는 자신의 신체적·정신적 에너지로 그 소망을 가장 잘 관리할 수 있는지를 알고 있다. 그에 더해 값진 행복을 누릴 수 있는 사람은 자신의 소망에 맞는 다양한 재능을 개발할 줄 안다. 그가 뛰어난 피아니스트가 되고자 하는 열망에 불타올랐다면, 그는 손가락을 민첩하게 움직이도록 연습하고, 악보를 순식간에 이해하는 기술을 습득한다. 소설을 쓰고 싶어 한다면, 그는 우선 모국어를 정복하고 예리한 눈으로 작품을 쓸 자료를 모을 것이다.

자신의 소망에 맞는 적절한 지식과 기술을 갖춘 우리의 영웅은 걸맞은 상황과 맞물린다면 성공할 수 있다. 그는 얻고자

한 것을 얻을 것이다. 하지만 그렇다고 그가 행복할까? 반드시 그렇지는 않다. 행동만으로는 부족하다. 그는 승리를 즐기기 위해 잠시 쉬어야 하며, 그 즐거움을 누릴 내적 여유가 있어야 한다. 잠시 멈춤에도 기술이 있다. 이 기술을 제대로 정리한 사람이 아직 없다는 사실이 안타깝기만 하다. 이것은 젊은이들에게는 특히나 힘들고 40대가 된 사람들에게는 특히나 쉬운 기술이다.

간절한 소망이 적은 사람은 소망이 많은 사람보다 행복한 삶을 훨씬 더 쉽게 이룰 가능성이 크다. 이것은 단순한 공식이다. 한 사람이 5가지를 원하고 다른 사람이 20가지를 원한다면, 확률은 5가지를 원하는 사람에게 유리하다. 자신의 5가지 소망 사이에서 심각한 불일치를 발견할 가능성은 20가지 소망 사이에서 심각한 불일치를 발견할 가능성보다 훨씬 적다. 또한 카드 게임에서 에이스 4장을 모으는 것보다 에이스 2장을 모으는 것이 쉬운 것처럼 5가지를 원하는 것이 20가지를 원하는 것보다 유리한 상황이 전개될 가능성이 더 크다. 게다가 두 사람이 같은 에너지 자원을 갖고 있다면, 5가지 소망을 이룰 확률은 20가지 소망을 이룰 확률보다 높다. 5가지 소망을 가진 사람은 모든 힘을 5가지 목표에 집중시키는 반면, 20가지 소망을 가진 사람은 20가지에 분산해야 하기 때문이다. 목표가 요구하는 노력이 많으면 많을수록 여러 목표를 동시에 추구하는 것은 더 어렵다.

청춘은 욕망과 에너지의 덩어리이지만, 그 욕망과 에너지가 제대로 체계화된 경우는 거의 없다. 인생의 전반기, 특히 처음 3분의 1 동안에는 끝없는 충돌을 겪는 것이 정상이다. 이때는 우리 자신이나 우리가 사는 세상을 깨달을 시간이 충분하지 않다. 이 시기에는 우리의 소망들은 서로 겨루어 승부를 가릴 공정한 기회도 없었다. 이때의 우리는 관심사와 능력을 혼동한다. 그래서 허망한 유령을 좇느라 귀중한 시간을 허비한다. 이때의 우리는 흥분하지만, 그럴수록 행복해지는 경우는 드물다.

누구든 자신이 열중하는 것을 가장 잘 배운다. 관심이 없거나 미약하다면, 혹은 서로 맞지 않다면 배우기가 힘들다. 젊은이들이 나이든 사람들보다 더 느리게 진전하는 것은 이 때문이다. 그들에게는 분명한 것이 없다. 그들은 자신이 원하는 것을 안다고 생각할지 모르지만 실은 그렇지 않다. 그래서 그들은 어떤 문제를 해결해야 할지, 어떤 사실을 숙지해야 할지, 어떤 습관을 길러야 할지 모른다. 또한 수없는 유혹을 떨쳐버리지도 못한다. 그로 인해 집중력이 떨어지고 문제를 해결하려는 의지는 약해진다. 주의가 흔들릴 때마다 시간을 허비한다. 깨닫기도 전에 시간은 훌쩍 지나버린다.

이것은 인간관계를 넓히는 과정의 하나다. 젊은 시절의 낭비는 대부분 피할 수 없다. 감수성이 발달하고 예민해질수록 세상의 다양한 흥밋거리를 더 오래 경험해야 한다. 반면에 외골수인 사람은 일찌감치 자신의 길을 찾고, 목표를 향해 흔들림 없이 나아가며, 집중력의 측면에서 다양한 재능을 지닌 사람보다 뛰어난 듯하다. 평범한 사람은 외골수인 사람보다 다재다능한 사람에 더 가깝다. 따라서 그들은 가벼운 관심사들을 갖고 있으며 어느 한 방향으로 강한 끌림을 보이지 않는다. 그들은 젊은 시절의 에너지를 크게 낭비하고, 결국 뒤처지고 만다.

이런 면에서 우리는 옛날 사람들보다 더 불리하다. 옛날 사람들보다 훨씬 더 많은 것을 보고, 듣고, 느끼고, 만지기 때문이다. 우리는 더 크고, 더 엉켜 있고, 더 혼란스러운 세상에 살고 있다. 천재라고 불리는 이들조차 그런 세상에서는 자신을 찾기 힘들다. 평범한 사람들은 평생 세상을 소화하려 애쓰다가 결국 70대에 이르러 심각한 소화불량에 시달릴 수 있다.

우리는 40대가 되면 풍부한 경험과 명확해진 소망의 체계 덕분에 원하는 것을 알고, 더 쉽고 확실하게 손에 넣을 수 있다. 그래서 20대나 30대보다 더 성공적으로 자아를 실현하게 된다. 동시에 혈기를 조금 누그러뜨리고, 성공의 정점에서 멈춰 서서 그 성과를 만끽할 여유가 생긴다. 승리의 열매를 꿀꺽 삼키고 곧바로 다음 승리로 달려드는 조급함이 줄어든다. 장애물로 보였던 것이 새로운 자산으로 드러난다. 앞으로 나아가려는 속도를 줄이는 만큼 깊이와 다양성에서 얻는 것이 많아진다. 깊이 파고들려면 잠시 멈춰 서서 깊이를 가늠해야 한다. 그리고 깊이를 가늠하려면 차분하고 세심하게 관찰해야 한다.

4장

늦었다고
말하기 전에

정말 기회가
없어서인가

"40세 이후의 여성의 삶에 어떤 대안이 있을까요?"

SF소설로 유명한 영국의 소설가이자 문명 비평가 H. G. 웰스에게 묻는다면 그는 이렇게 대답할 것이다.

"현재로서는 40대와 50대 여성들이 만족할 만한 역할이 없습니다. 결혼 전에 직장에 다녔다고 해도 그 직장은 그들을 다시 받아들이지 않을 것이며, 더구나 새로운 일자리는 턱없이 부족합니다."

이 암울한 결론을 뒷받침할 사례는 쉽게 찾을 수 있다. 현재 서구에는 시간이 남아도는 중년 여성들로 넘쳐난다. 자식은 대학에 가거나 일터로 떠났고, 남편은 공장과 사무실이라는 일상에 깊숙이 틀어박혀 있다. 이 불행한 여성들이 손을 비비며 앉아 있는 모습을 보라. 그러면서도 그들은 이리저리 뛰어다니고, 모임에 가입하고, 탄원서에 서명하고, 베스트셀러를 읽고, 여행하며, 문명의 저주인 그 지루함에서 벗어나기 위해 어떤 일이든 하고 있다. 그들의 불안과 안절부절못하는 모습은 그들이 인생 교육을 제대로 받지 못했음을 드러낸다. 사실 그들은 수많은 기회 속에 살고 있으며, 그 기회들은 자신이 여기 있다고 외치고 있다.

이 여성들에게 말하건대 천만 개의 직업이 열려 있다. 어떤 직업에는 부가, 어떤 직업에는 명예가, 또 다른 직업에는 비방과 사회적 배척이 기다리기도 하겠지만, 어떤 직업이든 누구보다 더 많은 에너지와 재치와 지혜를 발휘할 수 있는 기회가 있다.

앞으로 30년 동안 우리는 밑바닥부터 다시 세워야 한다. 그렇지 않으면 무너져버릴 것이다. 누군가는 불결한 도시와 더 불결한 정부를 청소해야 한다. 하지만 정당에 가입하는 것이 아닌, 다른 방식으로 나서야 한다. 누군가는 낡은 집과 화재 위험이 큰 집들을 대체할 새로운 주택을 설계하고 세우도록 소리 높여야 한다. 누군가는 참된 교육을 가로막는 기존 교육 제도를 개혁하는 데 나서야 한다. 누군가는 기계화로 인해 일자리를 잃은 중년들을 고용하기 위한 기반을 조성하는 데 나서야 한다. 농업의 회복을 위해 일생을 바칠 누군가가 필요하다. 무엇을 해야 할지는 하늘만이 알겠지만.

누군가는 소비자를 교육하고 조직화해서 유통 조건을 개선하고, 중개인과 운송업자가 폭리를 추구하지 않도록 해야 한다. 누군가는 각종 대중매체를 정화해야 한다. 누군가는 진정한 성인 교육을 위한 국가적 프로그램을 마련해, 현재 성인 문제가 무엇인지 아무것도 모르는 자들이 팔아먹는 반사기성 교육을 추방해야 한다. 그리고 누군가는 다른 사람들이 간과하거나 외면했지만 중요한 일들을 찾아 나서야 한다. 살펴보면 해야 할 일은 끝이 없다.

이 모든 진보를 주시하고, 계획하고, 수립하는 일은 40세가 지난 남성과 여성이 맡아야 한다. 왜냐고? 소수의 천재를 제외하면 이들 문제에 관련된 엄청난 양의 사실들을 젊은이들이 파악하고 해결할 수 없기 때문이다. 여기서 나이가 우위를 점한다. 그리고 일부 분야에서는 40세가 지난 여성이 앞장서서 사고하고 이끌기에 가장 적합하다. 일단 계획을 잘 세우면, 젊은이들을 불러 실행하게끔 해야 한다. 실행 면에서는 에너지가 충만한 젊은이들이 훨씬 유리하다.

대학을 졸업한 여성에게 인생은 40세부터 시작된다. 그들은 잘못된 교육으로 짓눌린 짐을 내려놓아야 한다. 이 일은 많은 시간이 걸리고 종종 상처를 남기기도 한다. 그 상처는 그들에게 큰 딜레마를 안겨주었다. 안타까운 점은, 충분히 매력적인 그들이 25세가 지나서야 비로소 자신을 제대로 바라보고 스스로 재교육한다는 점이다.

하지만 이들이 지적인 성숙함에서 자연스럽게 흘러나오는 명료한 통찰력과 편안한 유머로 자신을 바라볼 수 있으려면 적어도 40세가 넘어야 한다. 심각하게 불행하지는 않더라도 막연한 불만을 품은 수많은 젊은 여성들이 자신을 찾기 위해 20대와 30대를 보낸다. 결혼한 이들은 삶을 더 쉽게 정리하지만, 나머지 대부분은 쉽게 일하는 여성이라는 죄악의 희생양이 된다. 그들의 심리적 부적응은 대부분 일과 성공에서 개인적 구원을 찾으려 하면서도 일상적인 활동을 지나치게 엄숙하게 바라보는 태도에서 비롯한다.

그런 성향에 대해 누군가 이렇게 비판했다.

"우리 일하는 여성들이 실패하는 이유는 지능이 부족하거나 훈련이 부족해서가 아니라, 지나치게 진지하고, 지나치게 성실하며, 무엇보다 지나치게 열심히 하기 때문이 아닐까. 여성들이 지닌 가장 큰 결점은 미덕이 지나치다는 것이다. 행복한 중간 지점을 찾는 이들이야말로 가장 성공한 사람이다. 우리 여성들이 스스로 자신을 긍정적으로 바라보고, 그런 자신을 자유롭게 놓아줄 때, 그때 우리는 더 많은 것을 창조할 수 있다."

똑똑한 여성들 중 인생을 즐길 줄 아는 사람은 너무나 적다. 그들에게 인생은 진지하고 엄숙하기만 하다. 졸업 후 10~20년 동안 그런 삶이 계속된다. 최근 33세의 한 여성이 5년쯤 비즈니스 경험을 쌓은 뒤 가정주부로 돌아가겠다는 계획을 밝혔다. 그녀는 더없이 진지한 표정으로 이렇게 말했다.

"물론 남은 인생을 가정주부로 지낸다면 사회적 성공에 대한 모든 생각을 포기해야 한다는 건 알고 있어요. 흔히 알다시피 어떤 의미에서 가정주부는 비즈니스에서 많이 벗어나 있지요. 하지만 그게 중요한가요? 어차피 내 인생은 이미 끝 났으니까요.”

이 얼마나 비참한 일인가. 하지만 나는 감히 예측한다. 그녀의 40번째 생일에는 이 체념했던 젊은 여성이 더 활기차고 명 랑해질 것이다. 무척 똑똑하고 7년이라는 세월 덕분에 원숙해진 그녀는 40대와 70대 사이에 아주 많은 시간이 있음을 깨달을 것이다. 그리고 다른 40대 여성들이 그렇듯이 마침내 재미도 없는 목표를 진지하게 추구하느라 허비한 청춘 시절을 보상받기라도 하듯 즐거운 날들을 살기 시작할 것이다.

많은 여성이 제인 앨런의 용기를 갖기를 바란다. 그녀는 《포럼》에서 밝혔듯이 대학을 졸업한 지 10년 만에 갑자기 정신을 차리고 새로운 인생을 시작했다. 그녀는 보수가 좋고 여러 면에서 만족스러운 일을 해왔다. 하지만 그녀는 일에 대한 터무니없는 강박관념에 물든 채 7년 동안 그 일을 계속했다.

“어느 날 한 비즈니스 여성과 저녁을 먹게 되었습니다. 대학 다닐 때 그녀는 아주 명랑하고 자유분방하며 친절했습니다. 그 후 그녀는 10년 동안 직장에서 일했습니다. 그녀는 빠르고, 강인하며, 침착하고, 예리했습니다. 그녀의 삶은 인맥을 쌓기 위해, 계약을 따내기 위해 분주하게 움직이는 것이었습니다.

하지만 그녀 안에는 더 이상 희망이 남아 있지 않았습니다. 그녀는 자신의 매력과 인간성, 여가를 즐기는 능력을 모두 일에 팔아넘겼습니다. 그녀에게 시간은 돈일 뿐, 그 어떤 것도 아니었습니다."

이 안타까운 광경에 제인 앨런은 정신이 번쩍 들었다. 그녀는 즉시 일이라는 가시덤불에서 뛰쳐나와 눈을 비비며 뒤를 돌아보았다. 그리고 직장을 그만두고 삶의 위대한 모험을 시작했다. 덕분에 그녀는 지출을 상당히 줄여야 했고, 가족은 값싼 교외로 이사해야 했다. 이제 그녀는 좋은 책을 읽고, 좋은 사람들과 즐거운 시간을 보내고, 꽃을 심고, 고급 요리까지 정복하고 있다. 이 생활을 시작한 지 2년 만에 그녀는 만족스러운 삶이란 무엇인지 증언한다.

나는 그녀를 알지 못한다. 그녀가 이제 40대 가까이 되었으리라 짐작할 뿐이다. 그녀를 위로하는 의미로 덧붙이자면, 그간 일에 매달려 있던 시간은 몹시 지루했겠지만 그 시간이 있었기에 비로소 세상에 눈을 뜰 수 있었을 것이다.

나이는 단지
숫자일 뿐

오늘날 40대가 된 여성들이 높은 성취를 달성하는 것은 흔한 일이 되었다. 그것을 일일이 열거할 필요는 없을 것이다. 그 목록은 너무나 길고 널리 알려져 있어서 몇 가지 사례만으로 충분할 것이다.

먼저, 50세의 고등학교 교사 이야기부터 하자. 그녀는 자기가 맡은 일을 좋아하지만, 남는 시간도 충분하고 자신에게 주어진 그 시간을 최대한 가치 있게 쓰고 싶어 했다. 그러다 사랑 이야기로 가득한 잡지 한 권을 우연히 집어 들었다. 잡지는 다소 외설스럽고 너절한 내용이 대부분이었다. 하품하며 잡지를 넘기던 그녀는 학생들에게서 들은 이야기가 훨씬 재미있다는 사실을 깨달았다. 그래서 자신에게 물었다.

"아이들이 내게 들려주는 이야기를 글로 써보는 건 어떨까? 혹시 아이들이 이런 잡지를 읽을지도 모르니 이야기를 약간 윤색해보는 거야. 젊은 독자들의 연애 문제에 도움 되는 해석을 곁들여보자."

그렇게 그녀는 시작했고, 첫 원고부터 성공을 거두었다. 그녀는 일주일에 한두 편의 원고를 쓰며 학교에서 버는 것보다 더 많은 돈을 벌었다. 누군가 사적인 고민을 이 현명한 여성에게 털어놓으면, 우리의 작가는 그에게 자신이 다듬은 이야기들을 읽어보라고 권한다. 고민을 토로한 독자는 소설 형식으로 된 그 이야기 속에서 자신을 발견한다.

이런 일을 해낼 수 있는 여성이 많지 않다는 것은 나도 인정한다. 하지만 모든 경험을 최대한 활용한다면 이를 적용하기란 얼마나 쉽고, 이야기는 얼마나 다양해질까.

인명사전에 등재된 저명한 여성들의 기록을 살펴보라. 그들 가운데 수십 명은 40대에 비로소 두각을 나타냈으며, 심지어 그보다 더 늦은 나이에 성공한 이들도 많다. 작가들 중 상당수가 18~67세 사이에 첫 작품을 발표했고, 36~87세 사이에 마지막 작품을 세상에 내놓았다. 뛰어난 교육자들 가운데 절반 이상이 특히 50~75세 사이에 활발하게 활동했다. 35~50세 사이에 교직을 그만둔 이들 중 상당수는 다른 직업, 특히 글쓰기로 전향했다.

에밀리 플런킷은 51~68세 사이에 여러 권의 책을 펴냈으며, 그 이전에는 단 한 권도 발표한 것이 없다. 프랑스의 저술가이자 줄리엣 아담이라는 필명으로 널리 알려진 줄리엣 랑베르는 43세에 《누벨 리뷰》를 창간하고 63세까지 이 회사를 경영했다. 거트루드 지킬은 화가였으나 56세에 글쓰기를 시작했다. 그녀는 56~75세 사이에 12권의 책을 출간했다.

현재 82세인 릴리언 마틴 박사도 보라. 그녀는 1916년 66세 때 스탠퍼드대학교 심리학 교수직에서 은퇴했는데, 편안한 대학 강의를 벗어나자마자 곧바로 임상 치료 업무에 뛰어들었고 최근에는 노인 복지 문제에 매진하고 있다. 그녀는 지금 태평양 연안에 있는, 규모가 매우 큰 정신병원의 원장으로 일하고 있다. 그녀의 삶은 40세 이후에 새롭게 시작했다.

이런 사례는 끝이 없으며, 이 몇몇 사례만으로도 여성에게도 인생은 40세에 시작된다는 명백한 진실이 확실하게 보여준다.

변화는 이미
시작했다

"정말 그 일을 하고 싶다고?"

어느 날, 내가 아는 가장 총명한 대학생 중 한 명에게 나중에 어떤 일을 하고 싶냐고 묻자 그는 페인트공이라고 대답했고, 그 말에 나는 깜짝 놀랐다. 그가 모든 과목에서 우등생이었고 IQ도 180이나 된다는 사실을 알고 있었기에 농담이겠거니 생각했다.

"설마……."

"아니요, 진심입니다."

그가 조용히 대답했다.

"저한테는 정말 어울리는 일입니다."

"그 일을 해본 적 있나?"

내가 물었다.

"2년 동안 해봤습니다."

"평생 페인트칠만 해야 하는데, 그런 일을 견딜 수 있겠나?"

"하루 6시간, 1년에 100일 정도는 충분합니다."

"자네가 그렇다니 달리 할 말은 없지만, 자네 같은 재능을 가진 사람이 그런 일을……."

"교수님은 이해하지 못하시네요! 저는 페인트칠을 하면서 추리소설을 구상하고 수학 문제를 풉니다."

"뭐라고?"

나는 깜짝 놀라 눈을 깜빡였다.

"저는 추리소설을 쓰고 싶은데, 페인트칠할 때마다 작품 아이디어가 잘 떠오릅니다. 수학도 마찬가지입니다. 강의실에서보다 밖에서 페인트칠할 때 훨씬 더 많은 일을 합니다. 주위에 방해하는 사람이 없고, 페인트칠하는 덕분에 몸도 건강해집니다. 일이 끝나면 제 방으로 달려가서 그날 생각해낸 것들을 정리합니다."

미친 소리 같은가? 하지만 그 학생은 그렇게 했다. 한동안 고민한 나는 그 학생이 나를 비롯한 구세대보다 몇 걸음 앞서 있다는 결론에 이르렀다.

누구도 예상하지 못한

유토피아가 눈앞에 다가왔는데 어떤 사람들은 앞날을 한탄한다. 인구 감소 문제는 특히 그렇다.

많은 연구자가 인구 감소 문제를 우려스럽게 바라본다. 그들의 우려는 주로 고령 인구의 급속한 증가에 집중되고 있다. 저출산이 계속 이어지고 다른 기본적인 여건들이 현재 상태로 유지된다면 미래의 지구는 노인 요양원이라고 해도 무방하다고 그들은 음울하게 예언한다. 인구 100명 중 40명이 50세 이상일 것이다. 그때, 우리에게 어떤 재앙이 닥쳐올까? 노년층의 지배는 곧바로 보수주의로 이어질 것이다. 그러면 세상의 진보를 염원하는 젊은 열정에 찬물을 끼얹을 것이다. 무역과 시장도 감소할 것이다. 인구가 적어짐으로써 수요가 감소하고 땅값도 떨어질 것이다. 통계학자 루이스 더블린은 이를 이렇게 해석한다.

"미래 사회의 내적 구조 변화로 인한 사회·경제적 환경의 왜곡이 몹시 불안한 양상으로 나타날 수 있다."

최근 영국의 생물학자 줄리언 헉슬리는 일반 대중보다 상위 계층에서 저출산 양상이 매우 심각하다고 우려하는 우생학자들과 함께 대재앙 신봉자 무리에 합류했다.

나 역시 저출산으로 인한 인구 감소가 인류의 큰 문제로 도래할 것이라는 데는 의견을 같이하지만, 인구 감소에 따른 불길한 예언에는 동의하지 않는다. 5년 전, 나는 미래에 대해 우울하고 피할 수 없는 전망을 했다. 하지만 지난 2년간의 연구를 통해 당시 내가 내린 결론이 기우에 불과했음을, 나의 비관적인 착오였음을 밝힌다.

출생률은 사회·경제적 흐름을 고려해서 해석해야 한다. 그것은 서로 떼어낼 수 없다. 이 사실은 인구통계학 전문가들이 가장 먼저 강조할 것이다. 인구 감소가 사회적으로 얼마나 심각한 영향을 미칠지 판단하려면 삶의 그물망에서 작용하는 다른 모든 중요한 요인을 예측해야 한다. 미래에 어떤 위기가 닥쳐올지 몰라도 그것은 기후, 지리, 토양, 농업, 산업, 무역, 금융, 정치, 국제 관계 등 촘촘하게 얽힌 요인들의 복합적인 결과일 것이다. 따라서 미래를 예언하는 노래는 최소한 500명 이상으로 구성된 예언자 합창단만이 부를 수 있다.

확실한 한 가지가 있다면, 그 시대 사람들은 오늘날 가장 계몽된 소수의 사람보다 훨씬 더 많은 과학과 기술을 생활에 적용할 것이라는 점이다. 그렇다면 우리 연구실에서 더 이상 진전이 없다고 가정해보자. 모든 기술자가 현재의 궤도에서 제자리걸음만 한다고 가정해보라. 차세대가 이미 알려진 것들을 채택하는 것 이상을 하지 않는다고 가정한다면, 과연 미래는 지금과 비교해 어떤 모습일까?

오늘날 사업가 천 명 중 한 명도 자기가 하는 사업의 운영이나 제품과 관련된 과학적 발견 가운데 단 1퍼센트도 현실에 제대로 적용하지 못하고 있다. 은행원 100명 중 돈에 관한 지식과 정보를 완벽하게 이해하는 직원은 한 명도 되지 않는다. 자본가 100명 중 단 한 명도 돈과 이익 시스템 전체를 통찰하지 못한다. 유용하다고 판단하는 기술적 개선 사항을 자신이 속한 회사에서 즉시 채택하도록 설득한 기술자를 나는 듣거나 본 적 없다. 나는 학교와 보호시설, 병원, 고속도로 등을 완벽하게 관리 운영하는 마을이나 도시, 국가를 본 적 없고, 공공 업무를 새롭게 개선하는 방법을 알고 있으면서도 이를 현실에 활용하는 곳을 본 적이 없다. 이런 문제는 우리가 정치

권에서 더 분명하게 드러난다.

우리는 이런 나태함을 비난하기 쉽다. 하지만 진보는 비용이 많이 들고 섬세하다. 사소한 개선과 새로운 것들조차 예상하지 못한 혼란을 초래하기 때문이다. 세상이 매년 그 방법과 장비의 1퍼센트만 바꿔도 발전 속도는 너무나 빠를 것이다. 그럼에도 불구하고 우리는 앞으로 나아가야 한다. 매년 최소한 0.5퍼센트의 기존 방식과 설비를 폐기하고 새로운 것을 도입할 것이라고 가정하는 것은 무모한 추정이 아닐 것이다. 따라서 오늘날 검증된 프로젝트와 발명품이 1만 개가 사람들의 손길을 기다리고 있다면 그중 영향력 있는 기업들이 채택할 품목은 최소한 연간 50개는 될 것이다.

새로운 발명품과 기술이 인류의 환경을 지속적으로 변화시키고 있다. 하지만 이런 진보는 산술적 증가로 움직이지 않는다. 그 양상을 그래프로 본다면, 거대한 상승과 침체, 길고 평탄하며 정체된 구간이 나타나는 일련의 패턴으로 드러날 것이다. 혁신적인 진보에도 불구하고 그 변화가 눈에 띄지 않다가 단 하나의 새로운 발명품이 수많은 기업을 혼란에 빠뜨릴 수 있으며, 어느 순간 높은 수준의 성장으로 이어질 수도 있다. 이것이 경영학자들이 생각하는 것보다 더 중기적 예측을 어렵게 하고, 장기적 예언은 보기보다 단순하게 만든다.

그럼에도 우리가
만들어야 할

앞으로 전기와 화학 에너지의 값은 지금의 물값만큼이나 저렴해질 것이며, 에너지는 소비재 비용 계산에서 더 이상 중대한 요인이 되지 않을 것이다. 농산물 재배 작업에 과학적 공학 기술이 적용됨에 따라 재배 비용이 현저하게 줄어들 것이며, 이 때문에 전 세계 국가 대부분에서 식비가 전체 가계 예산에서 차지하는 비중 역시 매우 줄어들 것이다. 사실 현재 인류의 식단 중 75퍼센트 이상을 기술적으로 생산할 수 있다.

의복은 저렴해져서 사치품 수준을 제외하면 누구도 의복 가격을 걱정하지 않을 것이다. 집값은 여전히 비싸겠지만, 오늘날보다는 저렴해질 것이다. 또한 도시계획으로 광대한 땅이 공원과 정원, 전원주택, 그리고 지역 센터로 변모할 것이다. 중앙난방 시스템이 지역마다 자리 잡을 것이며, 자동 온도 조절 장치와 자동 습도 조절 장치는 우리의 아침을 콩고나 그린란드에 온 것처럼 해줄 것이다.

대부분의 생산 설비에서 노동자들의 노동생산성은 해마다 높아질 것이다. 현재 상황에 비춰 볼 때, 기술 발전에 따른 실업 문제는 비교할 수 없을 정도로 심해질 것이다. 하지만 앞으로 우리가 보게 될 것처럼 이 문제는 미래의 다른 여러 요인에 의해 완화될 것이다. 기본 생산은 소비에 정확히 맞춰질 것이며, 물류비는 계속 줄어들 것이다.

교육 역시 실생활의 요구와 이상에 더 정확하게 부응하도록 조정될 것이다. 누구나 최소한 5가지 또는 6가지 직업을 능숙하게 수행하고, 그러면서도 여가를 유익하고 즐겁게 활용할 수 있도록 훈련받을 것이다. 기술 훈련은 일반 교육과 함께 빠르게 발전할 것이며, 따라서 고도로 숙련된 과학자와 기술자, 기타 전문 인력이 배출될 것이다. 이들은 오늘날보다 훨씬 효율적인 조직에서 일하게 될 것이며, 그들의 윗세대가 이룬 것보다 훨씬 더 많은 성과를 이룰 것이다. 그들의 성취로 진보는 더욱 빠르게 이어질 것이다.

예방의학과 공중위생, 그리고 일반 교육이 결합되어 전 세계적으로 상위 계층은 절대적으로 늘어나는 동시에 상대적으로도 증가할 것이다. 오늘날 건전한 마음과 건강한 신체를 가진 어린이 수백만 명이 기아, 영양실조, 과로, 그리고 대부분 예방이 가능한 수많은 질병에 의해 정신적·신체적 성장이 지체되고 있다면, 앞으로는 가장 열악한 지역 일부를 제외하고는 그런 고통으로부터 해방될 것이다.

마지막으로 언급된 의학과 위생, 교육의 발전은 또한 중장년층과 고령층, 특히 40~60세 사이의 연령대를 확대하고 그들의 질적인 개선에 이바지할 것이다. 이들은 현재보다 훨씬 더 광범위하게 육체적 활력과 정신력을 유지할 것이며, 더 나은 교육을 통해 개인적인 즐거움뿐만 아니라 경제적으로 자기 계발을 이어갈 것이다.

모든 계층의 생활 수준은 꾸준히 상승할 것이다. 하지만 수확 체감의 법칙에 따라 물질적 대상에서 얻는 만족도가 줄어들 것이며, 이 결과 생활 수준은 소비재보다는 서비스로 이동할 것이다. 이에 따라 현재 공장에서 일하는 근로자 수천 명은 소비자에게 서비스를 제공하는 일로 전환될 것이다.

국제 관계에서는 모든 나라가 치명적인 방위 수단을 보유해 침략 국가의 인구 전체를 전멸할 수도 있으며, 이런 우려 때문에 전 세계는 정치적 안정으로 이어질 것이다.

숙련된 그들이
온다

만일 인구가 더 이상 증가하지 않고 점점 더 고령화된 사회가 된다면, 그때 우리는 어떤 세상에서 살게 될까? 내가 보기에는 앞서 언급한 요인들이 음울한 전망을 몰아낼 것이다.

젊은이들의 상대적 감소를 두려워해야 한다고 말하는 이들이 있다. 하지만 나는 그것을 유토피아로 본다. 지난 수천 년간 인류에게 내려진 저주는 미숙한 정신의 지배 때문이었다. 고난과 위험이 극심했던 시대는 힘이 넘치는 젊은이들에게 유리했을 뿐만 아니라 연장자를 절멸시킴으로써 그들에게 다수파 지위를 부여했다. 농경사회에서는 이 문제가 오늘날처럼 심각하지는 않았다. 영리한 젊은이라면 에너지가 왕성한 시기인 18~40세 사이에 농장과 시골 마을의 일을 배우고 그 지식을 현실에 적용할 수 있기 때문이다.

하지만 오늘날 어떤 젊은이도 현실을 완전하게 이해할 수 없다. 그것은 나이든 사람도 마찬가지다. 인생이 복잡해졌다고 누군가 말하지 않았던가. 미래는 지금보다 10배는 더 복잡해질 것이다. 세계가 하나의 거대한 지구촌이 될 것이기 때문이다. 이런 때일수록 사회 및 경제적 전문 기술 없이 수박 겉핥기에 머무는 젊은 사람들보다 능숙함과 이해력으로 무장한 40대의 역할이 더욱 중요해진다. 따라서 이들에 관한 모든 판단은 연장자를 존중해야 한다는 어설픈 명령이 아니라 자연 선택에 맡겨질 것이다. 세계가 깨기 어려워질수록 나이든 사람의 역할은 더욱 중요해진다.

동시에 젊은이들은 신체적 에너지라는 우위를 잃게 될 것이다. 그 이유는 간단하다. 주어진 성과를 달성하는 데 필요한 동력이 점점 더 적어지기 때문이다. 더구나 나이든 사람들이 득세한다고 해서 진보와 발전을 저해하지도 않을 것이다. 인구 전문가들의 예측은 완전히 빗나간다. 그들은 연령별 심리를 이해하지 못한다. 보수적인 부류는 오히려 젊은이들이며, 건강하고 잘 훈련된 중년은 급진적이지는 않더라도 진보적이다.

15~30세 사이의 정상적인 이들은 성적인 면을 포함한 모든

활력 넘치는 사회적 활동에 몰두한다. 스포츠, 게임, 파티, 사교활동, 유흥이 그들이 가진 에너지를 모두 흡수한다. 하지만 그들은 이 동물적인 속성을 바꿀 방법을 찾지 못하며, 바꾸는 것이 현명한 줄 알면서도 바꾸려 하지도 않는다. 창조적인 비즈니스는 창조적인 연구만큼이나 젊은이들에게서 나오기 힘들다. 젊은이들은 가장 유능한 인재라고 해도 중간 간부가 마땅하다. 그들은 물리적인 힘이 필요한 업무에는 적합하지만, 기업 전략을 수립하거나 생산 정책을 결정하는 일과는 거리가 멀다.

"누구도 40세가 될 때까지는 이 복잡한 세상을 제대로 알지 못한다."

헨리 포드의 이 말은 다소 과장이 섞여 있지만 그 안에는 심오한 진리가 담겨 있다. 그가 말하고자 하는 것은, 수학과 심리학의 시대에 인생 전반기에 자신을 찾아가는 사람은 드물다는 점이다. 젊은이들은 내실 있는 계획을 세우지 못한다. 내실 있는 계획은 우리 사회와 경제 질서 전체에 대한 폭넓은 통찰을 바탕으로 하기 때문이다. 내가 30세 때 세상의 다양한 가능성에 대해 생각했던 것을 떠올려보면 포드의 말에 동의할 수밖에 없다. 나는 그의 말에서 한 걸음 더 나아간다. 지난 100만 년 동안 문명과 문화가 무너지고 붕괴한 주된 이유는 힘 넘치는 젊은이들이 안장에 올라타 늙은 말을 혹사했기 때문은 아닐까.

이제 젊은이들의 왕성하고 한 곳에 집중된 에너지는 위축될 것이다. 과거에는 막힘없던 일들이 이제는 막힐 것이다. 이미 많은 기업이 이 문제에서 교훈을 얻었다. 전도유망한 젊은이들을 높은 자리로 승진시키는 것이 유용하리라 생각했지만, 그들은 중요한 의사 결정에서 실수를 저지르기 일쑤였다. 지난 10년간 은행, 대학, 법조계, 금융가에서 이와 비슷한 사례를 많이 찾아볼 수 있다.

개척 시대에 전형적이었던 기업 형태는 이제 새로운 시대에 들어맞지 않는다. 힘과 열정, 식견은 여전히 필요하지만, 젊은이들은 힘과 열정은 넘쳐도 식견을 갖추지는 못했다. 게다가 지금 우리에게는 예전과 같은 힘과 열정이 필요한 것도 아니다. 미래의 개척자들은 풍부한 실험을 토대로 지식을 갖춘 과학자들이나, 수십 년간의 기억과 경험을 바탕으로 시민들과 도시 문제를 다루는 데 능숙한 사회 행정가들일 것이다.

교육이 점점 더 현실적으로 발전함에 따라 생활 수준이 높아질 것이며, 이 결과 감언이설로 현혹하는 이들은 사라질 것이다. 또한 지난 세대 동안 우리의 문화적 삶을 태워버린 물질적 생산과 소비 열기는 그 수명을 다할 것이며, 값싼 할인품 자리에 놓였던 귀중한 무형 자산이 비로소 가치를 인정받을 것이다. 아울러 개인의 건강과 안전, 자존, 공부, 여행, 대화, 놀이, 예술 등에 더 많은 시간과 에너지, 돈이 쓰일 것이다. 반면에 의류, 화장품, 술, 음식, 호화 가구, 사치스러운 접대 등은 점차 위축될 것이다. 그러면 우리 삶은 어떻게 바뀔까?

때는 아직 오지
않았을 뿐

지적인 중장년층의 증가는 무엇보다 경제를 제자리로 되돌려 놓을 것이다. 오늘날 우리는 경제 개혁을 위해 애쓰지만 대부분 헛수고에 그치고 만다. 그것은 우리의 생산 시스템이 애송이들을 기반으로 세워졌기 때문이다. 거기에 이름을 올린 이들은 누구인가? 권력에서 물러날 것이라고 예언자들이 말하는 바로 그 똑똑하고 에너지 넘치는 젊은이들이다.

그들은 화려한 차와 값비싼 옷을 산다. 그들은 친구들에게 과시하려고 거실에 고가의 양탄자를 깔자고 부모를 조른다. 소년소녀들은 특히 사치품에 매달린다. 그들은 아름다움과 체면, 그리고 남들도 갖고 있다는 엉터리 속임수에 쉽게 넘어간다. 그들은 세상에 지배당하며 어리석은 소비를 한다. 매년 수억 달러가 이 어린 소비자들 때문에 낭비된다. 그들은 돈의 가치를 알지 못할 뿐 아니라 다른 중요한 것에도 무지하다. 하지만 앞으로 사치품 업계의 사기성 거래는 무시해도 좋을 만한 수준으로 줄어들 것이고, 그 결과 평균적인 가정은 지금보다 형편이 나아질 것이다.

인구가 감소하면서 땅값은 하락할 것이다. 하지만 누가 이런 전망에 잠 못 이룰까? 내게는 이것이 유토피아로 가는 확실한 표지판이다. 무엇보다 좋은 토지 감정가와 과세표준이 낮아지면 농지에서 생산된 작물들이 투자 대비 공정한 수익을 보장받을 수 있을 것이다.

명문대 졸업자와 동등한 지성을 가진 사람들이 최고의 능력을 발휘할 출구는 점점 더 줄어들고 있다. 그들의 문제는 생계를 유지할 일자리를 찾는 것보다는 자신의 지적 성장에 도움이 되는 직업을 찾는, 훨씬 더 난해한 문제에 가깝다. 보통 수준 이하의 사람들에게 어울리는 일자리는 어디서나 찾을 수 있다. 평범한 사람에게 맞는 일도 흔히 찾아볼 수 있다. 하지만 최고의 지성을 요구하는 직업은 항상 드물고, 점점 더 귀해질 것이다.

결국 우수한 인재가 자기 능력보다 못한 직업을 택할 수밖에 없고, 직업적 부적응 상태에 놓인다. 이는 참으로 안타까운 일이다. 누구도 이 문제에 명쾌한 답을 내놓지 못했다. 이 것은 보기보다 훨씬 더 복잡한 문제다. 우리는 이 문제를 해결해나가는 중이지만 아직 갈 길은 멀다. 이전에 조사했을 때 존재하지 않았던 새로운 여건들도 다시 고려해야 한다. 그중 가장 큰 문제는 과도하게 중앙집중화된 공장과 상점, 은행, 도시의 붕괴다.

중앙집중화 자체가 붕괴를 초래한 것은 아니지만, 세계 무역과 세계 여신이 무너졌을 때 상황이 악화된 것은 사실이다. 당시 이에 대한 대응 중 하나가 탈집중화였다. 경제가 위축되자 대기업들은 생산량을 대폭 줄일 수밖에 없었다. 이로 인한 공공 및 민간의 막대한 손실이 명백해지자 투자자들은 대기업에서 돈을 회수하기 시작했고, 그 결과 해당 기업의 주가는 더 하락했다. 중소기업들이 번영하거나 적어도 현상을 유지하며 살아남은 동안 대기업들은 주주들에게 악몽을 안겨주었다.

오늘날 대형 은행은 지역 은행보다 안전하지 않다. 거대 도시들은 소도시보다 더 심각한 파산 상태에 놓여 있다. 신용이 무너지자 사람들은 대형 은행과 대도시를 떠나고 있다. 이에 발맞춰 중소기업의 시대가 누구도 예상하지 못한 속도로 다가오고 있다. 이런 흐름은 40세 이상의 우수한 사람에게 더 많은 기회를 제공하고, 그들이 잃어버린 사회적 균형을 회복시킬 것이다. 개별적 사업 단위가 늘어난다는 것은 관리자와 연구 인력, 임원이 더 많이 필요하다는 의미다. 소도시가 늘어나면 유능한 시장과 시의원, 지방 행정 전문가도 더 많이 요구된다.

중앙집중화가 우리에게 안겨주는 이로움도 있지만, 최근에는 통제 과정에서 발생하는 오류로 인해 막대한 손실이 발생하며 이 결과 그 이로움이 쉽게 지워질 수 있다는 생각이 커지고 있다. 조그만 정비소의 관리자가 한 달 자동차 타이어 주문에 예상보다 많은 돈을 지출하는 실수를 저지를 수 있다. 하지만 그 손실은 100달러를 넘지 않을 것이며, 그 정도는 여기저기에서 비용을 절감하면 몇 달 안에 만회할 수 있다. 반면에 10억 달러 규모의 기업은 구매 부서에서 실수할 가능성은 정비소의 경우보다 훨씬 낮지만 일단 작은 실수라도 발생하면 그때의 대가는 엄청나다.

앞으로는 하급 근로자들에 대한 의존도가 더 줄어들 것이다. 농장과 공장, 가정에서 고된 노동이 사라질 것이다. 기술적인 힘이 그 대부분을 없애고, 나머지는 과학적인 조직화와 팀워크, 그리고 새로운 발명품에 의해 사라질 것이다. 이미 우리는 채찍과 경멸이 아니라 해고라는 좀 더 부드러운 방법을 통해 그 자리에 맞지 않는 이들을 몰아내기 시작했다. 우수한 사람들이 열등한 사람들보다 상대적 우위를 점하고 있기에 이런 현상은 계속 이어질 것이다.

한편, 해외 이민이 상당히 증가하리라 생각한다. 심지어 상당수의 미국 원주민들이 멕시코와 캐나다로 빠져나가는 것을 목격할 수도 있을 것이다. 그들 대부분은 생활 수준이 낮은 곳에서 육체노동으로 돈을 벌려는 하급 노동자들일 것이다. 떠나지 않는 사람들은 점점 더 외진 곳이나 빈민촌으로 밀려날 것이다.

그런데 우수한 사람들이 다수가 되면, 인구가 적어지고 안정화되는 상황에 그들은 무슨 일을 할 수 있을까? 이것은 공정한 질문이자 어려운 질문이다. 하지만 지난 3년간 가장 희망적인 발전은 모든 산업과 금융, 경제가 정치 못지않게 무지의 모래 위에 세워졌음을 깨닫기 시작했다는 사실이다. 그 분야의 리더들은 승진한 영업사원이나 엘리베이터 안내원 수준에 불과해, 연구를 비웃거나 성숙하고 객관적인 분석과 사실 조사의 필요성을 제대로 이해하지 못했다.

그들이 펼치는 정책은 지붕이 새는 집에 사는 농부의 정책과 다르지 않다. 왜 고치지 않느냐는 질문에 그들은 날씨가 좋을 때는 고칠 필요가 없고, 날씨가 나쁠 때는 고칠 수 없다고 답했다. 경기가 좋을 때 경영진은 연구에 투자하기를 거부하고 그 분야 전문가들을 외면한다. 회사가 돈을 빨리 벌고 있기 때문이다. 그러다 이른 서리처럼 불황이 닥쳐오면, 이 똑똑한 경영진들은 몹시 당황해 예산을 깎아내린다. 연구원과 전문가를 가장 먼저 내쫓아버린다.

최근 이런 어리석은 행태가 너무나 명백해져 경영진들은 업계의 상황, 세계 정치, 신규 특허, 개선된 공정 등을 조사하는 데 시간과 돈을 지출하고 있다. 남보다 하나라도 많은 정보를 가진 기업만이 살아남는다는 사실이 날이 갈수록 더 분명해지고 있다.

기업이 계속 탈집중화된다면 연구와 통계 조사, 현지 관리를 위해 현재 고용된 것보다 2배, 3배, 심지어 4배에 달하는 우수한 인력이 필요할 것이다. 대도시 인구가 계속해서 줄어들어 여러 개의 소도시와 마을로 변한다면 조세와 위생, 교육, 치안, 의약, 수술, 사회 복지 업무를 위해 오늘날 요구되는 것보다 4배, 5배, 6배에 달하는 고급 전문가를 필요해질 것이다. 원자재와 공산품의 대외교역이 해외 정부와 기업에 기술 전문 인력과 특별 서비스를 수출하는 형태로 전환된다면 얼마나 많은 우수한 인재들을 배치할지 신만이 알 것이다.

위기는 새로운 기회다

　적어도 앞으로 50년이 지나면 세상은 거대함을 기준으로 삼던 시대에서 멀어질 것이다. 거대 정치와 거대 국가로부터, 수십억 달러 규모의 공장으로부터, 수천만 인구의 도시로부터, 대량 생산으로부터, 빈민가와 야바위꾼들로부터, 그리고 군대와 모리배들로부터 멀어질 것이다. 우리는 서서히 작고, 단순하고, 조용하고, 평화롭고, 침착하고, 차분하며, 겸손한 것들을 되찾을 것이다. 이는 단지 진자의 또 다른 흔들림에 불과할지도 모르지만 좋든 나쁘든 그렇게 흔들릴 것이다. 그렇다면 누가 이익을 보는가? 바로 개인과 소비자, 납세자, 장인, 주부, 어린이다.

　이 말을 오해하지 말기 바란다. 나는 인류가 계몽주의 사상가 장 자크 루소가 꿈꾸던 자연 상태로 돌아갈 것을 주장하거나, 기계 시대를 버리고 석기시대로 회귀해야 한다는 터무니없는 생각과는 거리가 멀다. 발명가들이 만든 모든 도구와 장치는 그대로 이어질 것이며, 인간의 본성은 더욱 소중하게 여겨질 것이다. 그래서 단순히 이윤을 위해 제품을 생산하는 것과 그 제품을 향유하는 것 사이에 새로운 균형이 만들어질 것이다. 경제학자들은 지난 한 세기 동안 우리 체제의 치명적인 결함은 생산과 이윤을 지나치게 강조하고 대신 온전한 삶을 경시해왔다는 데 동의한다.

이제 우리는 가장 예리하고도 우울한 문제에 이르렀다. 지난 20년간 이 땅의 젊은이들은 세계 경제에 지대한 영향을 미쳤다. 그들은 많은 돈을 써왔으며 많은 돈을 벌기도 했다. 그리고 그 돈 대부분은 달콤한 즐거움을 위해 쓰였다. 이들의 이런 구매력은 더 증가할 것인가, 감소할 것인가? 그리고 기업은 이에 어떻게 적응할 것인가?

여기서 단정적으로 답을 내리려는 것은 섣부르고 경솔하지만, 인류 역사의 흐름 속에는 몇 가지 강력한 물결이 보인다. 그 물결에 계속 지배될지, 수면 아래 아직 드러나지 않은 다른 물결에 의해 제압될지는 누구도 알 수 없다. 따라서 이 신중한 유보를 전제로 앞을 내다보자.

내 생각에 앞으로 젊은이들의 상대적 구매력은 하락할 것이다. 이런 형태의 반전은 수많은 사회적 경향이 상호작용하면서 나타날 것이다. 그중 주요한 것들은 다음과 같다.

첫째, 노동력을 줄이는 기계 장치들과 인력의 집중적 편성을 특징으로 하는 기계 시대에 젊은이들의 상대적 가치가 줄어든다.

둘째, 숙련된 기술과 정신적 성숙함이 고임금으로 이어지는 업무에서 중년의 경쟁이 심화되고, 이는 젊은이들에게 불리하게 작용한다.

셋째, 앞서 언급한 두 가지 추세의 결과로 부모에게 전적으로 또는 부분적으로 의존하는 기간이 상대적으로 길어진다.

넷째, 특히 부유하고 교육받은 계층 사이에서 아동기와 성인기 취업 사이의 격차를 메우고 더 나은 직업을 얻기 위한 수단으로 학교생활이 연장된다.

다섯째, 가족생활에 방해되는 생활 방식이 무너지면서 더 나은 가정을 추구한다.

여섯째, 전 세계적으로 자본과 노동의 수익성이 감소하고 있다. 이는 생활 수준이 꾸준히 상승하더라도 전 세계적으로 지출은 상대적으로 감소할 것을 의미한다.

이를 간략히 설명해보자.

젊은이들이 우위를 차지하던 것들은 이제 빠르게 소멸하고 있다. 수백만 년 동안 젊은이들은 육체적 에너지와 열정, 모험심에서 우위를 차지했다. 동물적인 힘과 인내력, 대담함에 의존하던 때 그들은 필연적으로 승리했다. 그렇게 자신을 소진하며 젊은 일찍 죽었기에 새로 태어난 세대는 선배 세대와 치열하게 경쟁할 필요가 없었다.

하지만 기계 시대가 이 모든 것을 바꿔 놓았다. 노동을 대신하는 기계들이 젊은이들의 유일한 자산을 앗아가고 있다. 이미 공장에는 허약한 사람도 쉽게 조작할 수 있는 거대한 기계들로 가득하다. 기계들은 근육이 그 역할을 대신할 기회를 주지 않는다. 매년 노동력을 줄이는 장치들이 더 많이 등장하고 있다. 머지않아 젊은이들은 모험심으로 물든 열정이라는 단 하나의 이점만 남겨질 것이다.

개척 시대는 사라진 지 오래다. 야생 동물과 야만인들은 더 이상 우리 앞에 나타나지 않는다. 산업과 기업은 점차 수학적이고 기술적으로 발전한다. 충동적인 사람을 위한 자리는 없으며, 경솔한 젊은이들은 더더욱 그렇다. 찰스 M. 슈왑이 이끈 철강산업 시대는 월터 기포드의 통신산업 시대에 자리를 내주었다. 다음 시대는 호텔 로비에서 악수나 음담패설을 건네는 한 사람보다 과학적 지식을 지닌 10명을 원할 것이다. 이는 젊은이들에게 가혹한 현실이다.

의학이 발전면서 점점 더 많은 이들이 활력을 유지한 채 중년으로 접어들고 있다. 50세 이상 인구는 상대적으로 꾸준히 증가하고 있으며, 보험 통계 전문가들은 이런 추세가 아직 확인할 수 없는 어떤 임계점까지 계속되리라 예측한다. 공장과 사무실 업무에서 이렇게 건강한 이들이 젊은이들과 당당히 경쟁한다. 기력은 젊은이들만 못하겠지만, 월등한 기술과 경험은 특히 더 중요한 업무에서 뚜렷한 우위를 제공한다.

이런 요인이 복합적으로 작용해 젊은이들이 부모에게 의존하는 기간이 점점 더 길어지고 있다. 30살이 지난 아들이 생활비를 마련하기 위해 부모 집에서 사는 경우가 드물지 않다. 딸들은 결혼할 때까지 집에서 떠나지 않으며, 결혼마저 점점 더 늦게 한다. 이는 자연스럽게 학업 기간을 연장하는 결과를 낳는다. 딱히 할 일이 없기 때문이기도 하고, 학력이 높으면 더 나은 일자리를 더 빨리 얻을 수 있으리라 생각하기 때문이다. 동시에 부모는 자녀를 오래 부양하기 위해 아이를 적게 낳는다. 경제적인 동기에서 피임이 빠르게 퍼지고 있다.

하지만 이 시대는 빠르게 사라져 간다. 전환점은 1929년 대공황 이전에 많은 가정이 더러운 도시를 떠나 교외로 이주하면서 찾아왔다. 이런 흐름은 최근 홍수처럼 불어났다. 시대가 어수선해질수록 현명한 사람들은 정원이 딸린 외딴집이나, 자동차로 통근이 가능한 전원주택에서 상대적인 안정감을 찾는다. 이는 어느 정도 가족의 결속을 회복하는 데 이바지하며, 이 때문에 대도시를 벗어나는 물결은 점점 더 빨라지고 있다. 그리고 이들 가족의 지출은 한두 사람의 몫이 아니라 가족 전체의 일로 여겨진다. 따라서 어리석은 낭비로 이어지는 경우는 줄어들 것이다.

전 세계적으로 자본에 대한 이자, 토지 임대료, 임금이 서서히 줄어들고 있다. 이들이 서로 비슷한 속도로 줄어든다면 아무 문제가 없을 것이다. 문제는 어떤 하나가 다른 두 가지보다 더 빠르게 하락할 때 발생한다. 하지만 세 가지가 어떤 방향으로 움직이든 한 가지 경향은 일정하게 유지된다. 그것은 세계 인구 대비 생산 능력이 더 빠르게 성장하며, 따라서 소비재를 구입할 수 있는 개별 근로자의 가치가 하락한다는 것이다. 기계와 조직이 최종 상품의 가치에 상대적으로 더 많이 이바지하고, 버튼을 누르거나 레버를 당기는 이들의 기여도는 그보다 덜하므로 더 적은 임금을 받게 된다. 이는 남녀노소 모두에게 영향을 미친다. 하지만 젊은이들의 손실이 상대적으로 더 클 것이다.

결국 젊은이들의 구매력은 시간이 지남에 따라 점점 더 줄어들 것이다. 그들이 구입하는 것은 점차 두 가지로 나뉠 것이다. 단순한 생계를 위한 물건과 서비스와, 직업적·문화적으로 자기 계발에 도움이 되는 것이 그것이다. 이에 따라 가족 내에서 그들의 영향력도 상당히 줄어들 것이다. 어리석은 낭비꾼은 서서히 사라질 것이다. 매년 600시간 동안 페인트칠 하며 생계를 꾸리고, 고급 수학과 추리소설 집필로 여가를 즐기는 IQ 180의 젊은이가 각광받을 날이 다가오고 있다.

5장

어떻게
나눌 것인가

서로를 이해하는
순간

"자넨 일관성이 없군,"

한 친구가 내게 이렇게 말했다.

"얼마 전까지만 해도 인류를 구할 수 있는 건 오직 젊은이뿐이라고 했으면서 지금은 인생은 40세부터 시작된다고 주장하고 있지 않은가. 최근에 쓴 글에서는 나이든 사람들의 약점을 지적했지. 인류 전체가 처한 현재의 곤경에 대한 책임 중 대부분은 그들 탓이라고 하지 않았나. 자네도 이제 정신이 오락가락하는 모양이군."

그럴지도 모른다. 하지만 나는 내가 말한 모든 것을 고수한다. 우리는 어떤 형태의 구원도 40대가 지난 현세대에서 기대할 수 없다. 우리의 유일한 희망은 젊은이들, 그것도 더 나은 교육을 받은 젊은이들에게 있다. 중년의 가장 심각한 약점은 그들의 본성이 아니라 그들이 받은 교육에 있다. 그것은 잘못된 인생철학에 뿌리를 두고 있으며, 이는 다시 잘못된 교육과 가정생활에 의해 조장되었다. 예전의 소박한 농경사회에서는 이 철학과 교육 모두 온전히 이어졌다. 사회 발전 속도는 느릿했고, 진보는 달팽이처럼 더뎠으며, 기업과 국가 통치자들에게 가해지는 부담은 미미했다. 하지만 모든 것이 가속화되면서, 경쟁은 점점 더 젊은이들의 대결이 되어 갔다. 모든 것이 복잡해지면서 숙달은 밀려났다.

현대 사회의 이 두 가지, 즉 가속화와 복잡성은 예전의 패턴을 뒤바꿔 놓는 새로운 상황을 만들어냈다. 경쟁적 노동의 분업은 육체적 에너지와 경험의 깊이를 기준으로 점점 더 냉혹하게 결정된다. 이때 에너지에 대한 요구는 오직 젊은이들만이 충족시킬 수 있는 반면에 지혜에 대한 요구는 오직 나이든 사람들만이 충족시킬 수 있다.

그런데 이 교훈은 여전히 간과되고 있다. 가정과 학교, 직장에서는 여전히 이를 외면해왔고, 오늘날의 남녀들은 안타깝게도 잘못된 교육을 받았다. 그들의 가장 끔찍한 실수는 중년에 이른 사람들에게 행정이라는 무거운 노동을 맡기는 것이다. 이들의 진정한 임무는 오랜 경험과 여유로운 성찰을 바탕으로 젊은 관리자들에게 조언하는 데 있다. 이는 경영이 지금보다 훨씬 쉬웠던 때도 지혜로 여겨졌다. 오늘날 이를 무시한다면 앞으로 다가올 재앙을 면할 수 없다.

이것은 미친 짓이다. 단순하고 육체적인 일은 젊은이들이 해야 한다. 도랑을 파는 일만 그런 것이 아니다. 큰일을 관리하는 일도 그들의 몫이어야 한다. 그들은 노련한 중년의 명령을 무조건 수행하는 예스맨이 될 필요는 없다. 유능한 중년이 가진 정보와 넓은 시야를 활용하는 법을 배워야 한다. 그들은 고된 일을 명성을 향한 발판이 아니라 지혜로 가는 확실한 길로 여겨야 한다. 그들은 육체적 노력을 통해 지성을 추구해야 한다. 자기중심적 광신자의 어리석은 야망보다 더 높은 경지에 올라야 하지만, 이를 이루기 위해서는 새로운 교육이 필요하다. 그 핵심 주제가 이 책이 말하고자 하는 바다.

그들에게 인생은 40세에 시작된다고 가르쳐라. 그때쯤이면 빈둥거리며 손톱을 물어뜯을 필요도 없다고. 20살부터 40세 사이에는 잘 훈련된 사람이 세상에서 자리 잡을 시간이 충분하다고 가르쳐라. 세상은 조금씩 나아지고 있으며, 모든 현명한 사람들이 부와 독재적 권력을 추구하는 것이 얼마나 헛된 일인지 깨달을 것이다.

성숙함과
힘의 균형

　세상은 우리를 어릴 때부터 끊임없이 발전하라고 채근한다. 일해서 더 많은 돈을 벌고, 더 열심히 일해서 더 많은 돈을 벌라고 독촉한다. 사회라는 벌집 속에서 윙윙거리며 모든 모임에 가입하고, 각 동맥이 굳어지고 지친 뇌가 멈출 때까지 영원히 그 일을 계속하라고 채근한다. 하지만 이런 야망에 불타던 대다수는 40대 가까이에서 비참해졌다. 그들은 새롭고 더 끔찍한 부적응 상태에 빠졌다.

　심리학자 릴리언 제인 마틴과 C. 드그러치는 노인들을 대상으로 한 임상 연구에서 노인들이 불행한 이유는 어린 시절의 어려움을 극복하지 못했기 때문이라고 결론지었다. 그들은 다른 할 일이 없어서 우울하게 그 어려움에 집착한다. 한

가한 세월은 퇴행을 낳는다. 인간은 외부적 관심사와 성장 욕구가 결여될 때마다 자기 자신에게로 되돌아와서 자신을 갉아먹는다.

이것은 우리에게 근본적인 교훈을 일깨워준다. 40대, 50대, 60대는 점점 더 광범위하고 흥미진진하며 위험을 무릅쓴 학습에 전념해야 한다. 새로운 것을 배우려면 자신을 잊고 그 주제에 완전히 몰입해야 한다. 그렇게 해야 이후의 공허한 시간을 괴롭히는 유치한 행동을 초월할 수 있다. 무엇보다 우리는 10년마다 주로 요구되는 에너지에 따라 결정되는 각자의 경력이 있다는 것을 배워야 한다. 청년기의 방식이 중년의 방식이 될 수 없음을 배워야 한다. 우리는 어느 쪽도 상대방의 자리와 권력을 빼앗음으로써 장기적으로 이득을 볼 수 없음을 배워야 한다.

이제 우리는 새로운 분업과 책임에 대해 배워야 한다. 40대가 넘은 이들은 청사진을 그리고, 젊은이들은 그것을 실행에 옮기게 하라. 에너지가 필수적인 곳에는 에너지 넘치는 이들을 배치하라. 오랜 경험에 기반한 판단이 가장 절실히 필요한 곳에는 나이든 이들의 리더십을 구하라. 이보다 더 합리적인 것이 어디 있겠는가.

오랫동안 인류는 미성숙한 정신에 이끌려 왔으며, 종종 과로한 육체 속에서 살아왔다. 사람들은 젊은 나이에 죽었고, 지혜는 느리게 쌓이거나 아예 쌓이지 않았으며, 각 세대는 밑바닥에서 다시 시작해야만 했다. 이것이 최근까지 세계가 그토록 힘겹게 진보해온 이유다.

최근 저명한 전문가들이 저지른 오류를 바로잡을 필요가 있다. 이 오류는 상당한 진실을 포함하고 있기에 더더욱 위험하다. 의사들은 중년층을 일괄적으로 배제하는 것에 반대한다. 이에 대해 J. A. 브리튼 박사는 2년 전에 미국 의사 협회에서 이렇게 말했다.

"우리 산업은 45세에 달한 사람들을 버리는 심각한 실수를 저지르고 있다. 이렇게 되면 우리 인생에서 효율성이 최고조에 달하는 10년이 버려지고 만다. 효율이 최고조에 달하는 시기는 35~55세까지 지속되며, 그중에서도 효율이 가장 높은 시기는 마지막 10년 동안이다. 45~55세까지는 판단력, 안정성, 충성심, 그리고 근육 활동과 순수한 근력을 제외한 모든 덕목에서 더 많은 것을 발휘한다. 프로 야구에서 45세는 별 가치를 인정받지 못할 수 있지만, 우승하려면 베테랑 선수와 노련한 두뇌가 필요하다는 점을 나는 목격해왔다."

나는 45세에 이른 사람을 갑자기 해고해서는 안 된다는 데 동의한다. 그런 무자비함은 결국 모든 면에서 재앙으로 이어질 뿐이다. 하지만 위험한 나이가 다가오기 훨씬 전에 소중한 기대를 품고 사고력과 경험을 활용하는 법을 훈련받아야 한다고 생각한다. 45세 전후가 되면 자신이 소모해야 할 에너지보다 더 많은 것을 요구하는 직무에서 벗어나, 세월이 가르쳐준 모든 것을 이익으로 전환할 수 있는 다른 직무로 전환하도록 말이다. 자연스러운 경계에 따른 새로운 분업은 반드시 이루어져야 한다.

가장 현명하면서도 자연스러운 세대 간 분업은 지도하는 쪽과 지도받는 쪽으로 나누는 것이다. 이는 우리의 목적에 들어맞는다.

"밑그림을 그리는 것은 주인의 일이며, 그것을 실행에 옮기는 것은 하인의 몫이다."

레오나르도 다 빈치는 그의 불멸의 수첩에 이렇게 기록했다. 모든 규칙의 예외인 천재의 영역에서 벗어나, 그의 격언을 일상의 일과 보통 사람들에게 적용해보라. 여기서 주인은 누구이며, 하인은 누구인가? 100번 중 99번은 주인은 40세를 넘긴 사람들이고, 하인은 젊은이들이다.

밑그림을 그리려면 성숙한 정신이 필요하지만, 계획을 실행하려면 무엇보다 풍부한 에너지가 요구된다. 이것이 미래 문명의 초석이 될 것이다.

부모로
산다는 것

능력이 뛰어난 사람이 전성에 접어들 나이에 그렇지 못한 사람은 내리막길에 들어선다. 보통 사람은 40대 초반에 늙기 시작하지만, 최고의 지성들은 그 나이에 비로소 삶을 시작할 준비를 마친다. 이것이 자연의 섭리라면 가장 풍요롭게 살 자격이 있는 이들을 위해 우리가 무엇을 할 수 있을까?

우리나라 젊은이들은 교사, 친구, 그리고 무엇보다 부모의 지나친 지도, 지나친 과잉보호, 지나친 유아기의 연장으로 인해 급속히 실패로 치닫고 있다. 그들의 굳건한 정신도 자기희생적인 어른들의 열성적이지만 잘못된 노력 덕분에 나약해지고 있다.

얼마나 많은 이들이 자신이 헛되이 갈망했던 사치와 특권을 자녀에게 주기 위해 고생하며 자신과 자녀의 삶을 망치는 가. 그들은 젊은 세대를 위해 지나치게 많은 것을 베풀고 있다. 더 큰 문제는, 고귀한 의도로 행한 많은 일이 감사할 줄 모르는 이들에게는 무용지물이나 역겨운 것, 심지어 해로운 것이 되어버린다는 점이다. 여기서 우리는 40대에 이르러야 마땅히 그래야 할 삶의 성숙을 슬프게 방해하는 대표적인 악습과 마주하게 된다. 그것은 잘못된 부모 노릇이다.

이 악습을 고착시키고 강화하는 데는 인간의 두 가지 내적 성향이 작용한다. 하나는 다른 사람들, 특히 삶의 관리자인 부모 혹은 어른이라는 사람들에게 자기 삶을 의지하는 무력한 젊은이들을 자기 마음대로 지휘하고 통제하려는 열망이다. 다른 하나는 젊은이들의 도덕성을 바로잡아주어야 한다는 강렬한 의무감이다. 이것들이 항상 나쁜 결과를 낳는다고 주장하는 것은 아니다. 하지만 그것들은 세심한 주위를 요하며, 이 때문에 경험이 부족한 사람의 손에 닿으면 엉뚱한 결과로 이어지고, 가정이라는 전체적인 구조를 무너뜨린다.

자녀교육에서 흔히 저지르는 세 가지 실수가 있다. 그중 하나는 40대가 되어서도 자녀의 사회적 지위를 유지하는 데 과도한 시간과 에너지를 쏟는 것이며, 다른 하나는 자녀가 원하든 원하지 않든 막대한 비용을 들여 문화라는 양분을 억지로 주입하는 것이다. 마지막 실수는 아이들에게 개성을 표현하라고 강요하는 것이다. 자유롭게 표현해야 할 개성을 억지로 하라고 하다니, 이는 괴물 같은 자기모순이다.

온전히
부모다움으로

지금은 이런 실수가 아이들에게 미치는 악영향에 대해 논할 때가 아니다. 그 안타까운 이야기는 급진적인 교육을 반대하는 비평가들이 수없이 다뤄 왔다. 나는 여기서 부모들이 어떻게 자기 삶을 헛되이 버리고 있는지, 그것도 아무런 목적 없이 버리고 있는지 보여주고 싶다. 26세의 남자와 24세의 여자가 결혼했다고 가정해보자. 20년이 지난 지금, 그들은 각각 46세와 44세다. 그들은 지난 20년 동안 빌, 밀드리드, 조, 이렇게 세 아이를 낳아 각각 18세, 16세, 14세라는 성숙한 나이로 키워냈다. 빌은 올해 고등학교 졸업을 앞두고 있으며, 밀드리드는 고등학생, 조는 고등학교 입학을 앞두고 있다. 이런 가족은 보통 어떻게 꾸려질까?

아버지는 빌의 대학 등록금을 마련하기 위해 밤낮없이 일한다. 여기에는 빌의 사교 클럽 비용, 새 양복 한 벌, 그리고 아마도 자동차 구입비까지 포함된다. 어머니는 밀드리드의 친구들, 그녀의 데이트 상대, 드레스는 물론 립스틱과 사소한 장식물들까지 신경 쓰며 화를 내고 잔소리를 늘어놓는다. 빌과 밀드리드가 집에서 손님을 접대하며 좋은 인상을 줘야 하니, 거실에 성능 좋은 텔레비전과 더 화려한 카펫을 놓아야 하고, 이를 위해 가족은 수백 달러의 빚을 진다. 다들 그렇게 한다면서. 이처럼 어른의 삶은 점점 더 힘들어진다.

자식들이 주눅 들게 하지 않으려면 지금보다 많은 돈이 든다. 다행히 경제적 여유가 있어서 아버지가 55세쯤에 일을 쉰다면 운이 좋은 축이다. 그때까지 어머니가 허리가 굽고 몸이 망가지지 않았다면, 그것은 물소 같은 체력을 가졌기 때문일 것이다. 이성적인 사람이라도 알다시피 이 모든 것은 그야말로 어리석은 삶의 방식이다. 그것은 부모와 자녀 세대 모두를 똑같이 망친다.

18살의 빌과 16살의 밀드리드는 집안일의 절반 정도는 맡을 수 있고, 또 그래야 한다. 식료품을 사는 법을 배운 다음 직접 사야 한다. 꼬마가 부엌 창문에 돌을 던졌을 때, 겨울철에 누군가 창문을 열어둔 탓에 지하실 수도관이 얼었을 때, 가스계

량기와 세금 징수관, 세탁소를 어떻게 관리해야 하는지 알아야 한다. 급할 때는 욕실에 새 리놀륨을 깔고, 가족이 타는 승용차의 삐걱거리는 소리를 고치는 법도 배워야 한다. 고장난 초인종을 고치고, 우울증에 걸린 고양이를 치료하는 법을 익히게 해야 한다. 이런 능력은 성모마리아 흉상을 빚거나, 카네기 홀에서 열리는 콘서트에 참석하거나, 단편 소설을 쓰는 것보다 백 배는 더 중요하다. 이처럼 젊은이들, 특히 10대들이 생활에 필요한 사소한 것들에 숙달하게 하라. 그러면 그들은 성인이 되었을 때 인생을 수월하게 살 수 있을 것이다.

일상의 잡다한 일들이 걷거나 말하는 것처럼 자연스럽게 몸에 익도록 하는 것만으로도 삶을 배우는 일의 절반은 이루어진다. 그 경지에 이르면 잡일은 더 이상 수고스러운 일이 아니다. 잠자리에 들 때 불을 끄고 침실 창문을 여는 것만큼 자연스러워진다. 그러므로 부모는 빌과 밀드리드가 어려서부터 집안일을 자주 접하고 배우게 해야 한다. 그것은 그들 자신을 위해서도 좋은 일이다. 내가 강조하고 싶은 것은, 그렇게 해야 부모가 40세 이후 새로운 삶을 시작할 수 있다는 것이다. 그러려면 부모는 40대에 부모 노릇을 끝내야 한다.

이런 방식은 모두에게 이익이 된다. 젊은이들은 무엇보다더 일찍 독립적이고 자립적인 사람이 됨으로써 여러모로 이득을 본다. 그들은 일찌감치 철이 들고 성숙해갈 것이며, 우리는 더 이상 지금처럼 가정과 보호시설을 어지럽히는 연약한 울보를 목격하지 않아도 될 것이다. 자기 힘으로 서는 것은 결국 누구에게나 닥칠 수 있는 가장 큰 행운이다. 성공적으로 자신의 발로 서는 것이 기본적인 성취다. 이를 해낼 수 있는 이들에게는 인생이 40세가 되기 전에도 시작될 수 있다.

어릴 때부터 일을 시작하면, 내가 보여준 바와 같이 30살이되기 훨씬 전에 단순한 일들을 능숙하게 익힐 것이다. 여기서공간이 허락된다면, 평균 이상의 지능을 가진 젊은이라면 정신적·육체적 부담 없이 6개월마다 새로운 직업을 배울 수 있음을 증명할 수 있을 것이다. 따라서 질서 정연한 사회에서는 20대 후반의 부부가 각각 24가지 기술을 갖출 수 있으며, 그 대부분은 때때로 현금으로 전환될 수 있다. 이런 다재다능함은 경제적 필요성으로 인해 반드시 도래해야 하며, 다행히도 도래할 수 있다.

이 다재다능함이 가져다주는 가장 고귀한 축복 중 하나는 아직 제대로 평가받지 못하고 있다. 이 다재다능한 사람들이 40대가 지나면, 힘든 일을 그만두고 점점 더 가벼운 일에 집중하는 것이 전혀 어렵지 않다는 점이다. 그들은 일찍부터 한 가지 기술만 습득함으로써 특정 공장이나 가게에 노예처럼 얽매이지도 않는다. 그들은 새로운 종류의 팔방미인이다.

최근 세상은 삶 자체가 온갖 것들의 집합체라는 위대한 진리를 잊어버렸다. 이를 다른 무엇으로 만들려 하면 오히려 망쳐버린다. 일만 하고 놀지 않으면 사람은 둔해진다. 사람이란 태어날 때부터 모든 일에 능한 팔방미인으로 태어나기 때문이다. 반면에 놀기만 하고 일하지 않으면 더 둔해진다. 마찬가지로 한 가지 종류의 직업만 하면 사람은 넓은 의미에서 서투른 일꾼이다. 직장에서 한 가지 작업에만 매몰될수록 정신과 육체 모두 적응력이 떨어진다. 그럴수록 운명, 환경, 음식

등 모든 변화에 대처하기가 점점 더 어려워진다. 사후경직보다 훨씬 끔찍한 것은 편협한 사고가 굳어져 찾아오는 삶의 경직이다. 그것은 자신이 죽었다는 사실을 모르는, 살아 있지만 죽은 목숨이다.

우리 선조들은 언제나 유연했다. 그에 반해 그들의 후손은 유산의 가장 소중한 특질을 잃어가고 있다. 그리고 이 상실은 우리의 힘을 갉아먹어 온 수백 가지 중 하나다. 요즘 같은 어려운 시기에 실업자 수가 얼마나 되는지 살펴보라. 그러면 내 말의 증거를 발견할 것이다. 이들을 돌보는 노동의 절반은 그들에게 새 직업을 가르치는 데 쓰이고, 나머지 절반은 끔찍한 경직성을 깨뜨리는 데 쓰인다.

"그런 건 못하겠어요."

"그 과목은 공부한 적 없어요."

"난 평생 붓만 만지고 살았는데 양털 깎는 일을 하라는 건 아니겠죠?"

"조금 더 기다리다 보면 내 직업과 어울리는 일자리를 찾을 수 있을 거예요."

이렇게 경직된 답변이 이어진다. 그 뒤에는 상상력의 부재가 도사리고 있다. 이 불쌍한 이들은 새로운 출발점을 떠올리지 못한다. 누군가가 그들을 자극하고 행동으로 이끌어야 한다. 혼자 남겨지면 공원 벤치에 멍하니 앉아 있을 뿐이다. 그들은 삶의 원초적인 자각을 잃어버렸다. 그들에게 삶은 여러 가지 잡다한 일들의 집합체가 아니다. 그들의 10분의 9는 죽은 것과 다름없다.

태어날 때부터 그런 것은 아니었다. 부모가 그들을 운명에서 구할 수도 있었다. 떠오르는 세대의 아버지와 어머니들이 지난 5년의 교훈을 배울 것인가? 그렇게 되기를 바란다. 만약 배운다면 그들 자신도 자녀 못지않게 얻을 것이 있으며, 자식에게 무슨 일이 생길지 두려워하지 않고 축복받은 여유로움의 중년에 접어들 것이기 때문이다.

마치는 글

우리는 부러움을 안고 떠난다. 그래서 다시 한번 강조한다. 곧 다시 시작될 위대한 시대에 태어난 당신은 그 누구보다 행운아다. 당신은 무한한 능력의 열매를 맛보게 될 것이다. 그 과실의 속살은 여가이며, 그 씨앗은 자유다.

이미 당신은 황야를 개척했던 고독한 개척자의 힘보다 천 배나 큰 능력의 결과물을 누리고 있다. 머지않아 지금보다 2배나 많은 것을 누릴 것이다. 하지만 그것들이 늘어날 때마다 당신의 노력은 줄어든다. 근육은 정신과 감각에 양보한다. 그리하여 당신은 에너지를 더 긴 시간에 걸쳐 분산시킨다. 또한 더 오래 건강하게 산다. 생계를 꾸리는 고된 일은 전성기인 20년 동안 집중될 것이며, 그 기간에 당신은 '삶의 첫 부분이 마련한 마지막 시절'을 준비하게 될 것이다.

앞에는 절망이 없고, 뒤에는 허영이 없을 것이다. 어린 시절부터 노년에 이르기까지 평온하게 성장하며 끊임없이 배우고 새로운 기쁨을 맛볼 것이다. 40대에는 30대보다 더 현명하고 행복할 것이다. 50대에는 40대보다 더 소중하고 안정적이며 확고할 것이다. 60대에는 세계여행을 즐기며 미처 하지 못한 공부를 새롭게 시작할 것이다. 과연 그렇게 할 수 있는가? 정신의 힘을 사용한다면 그렇게 될 것이다. 당신에게 정신의 힘이 있다면 그 힘을 당신 자신과 모두에게 보여주자.